JOE BIDEN

JOE BIDEN

A VIDA, *AS* IDEIAS *E OS* DESAFIOS *DO* PRESIDENTE *DA* NAÇÃO MAIS PODEROSA DO MUNDO

EVAN OSNOS

PREFÁCIO DE MARCELO LINS

TRADUÇÃO DE ALEXANDRE MARTINS

AGIR

Título original: *Joe Biden — The Life, the Run, and What Matters Now*

EDITORA NOVA FRONTEIRA PARTICIPAÇÕES S.A.
Rua Candelária, 60 — 7º andar — Centro — 20091-020
Rio de Janeiro — RJ — Brasil
Tel.: (21) 3882-8200

Dados Internacionais de Catalogação na Publicação (CIP)
(Câmara Brasileira do Livro, SP, Brasil)

Osnos, Evan
Joe Biden / Evan Osnos ; tradução Alexandre Martins; prefácio de Marcelo Lins.-- 1. ed. -- Rio de Janeiro : Agir, 2021.

Título original: Joe Biden — The Life, the Run, and What Matters Now
ISBN 978-65-58370-39-0

1. Biden, Joe, 1942- 2. Estados Unidos - Política e governo 3. Presidentes - Estados Unidos - Biografia I. Título.

21-54343 CDD-328.73092

Índices para catálogo sistemático:

1. Presidente : Estados Unidos : Ciência política 328.73092

Aline Graziele Benitez - Bibliotecária - CRB-1/3129

Para minha mãe, Susan, que me ensinou a ler,
e para meu pai, Peter, que me ensinou a escrever.

As pessoas pagam pelo que fazem e, ainda mais, pelo que se permitiram se tornar. E pagam de um modo bem simples: com a vida que levam.

— James Baldwin, *No Name in the Street*

Mas eu estou amarrado a uma roda de fogo.
Minhas lágrimas queimam como chumbo derretido.

— Shakespeare, *Rei Lear*

SUMÁRIO

Prefácio

O 46.º presidente dos Estados Unidos, Joseph Robinette Biden Jr., ou simplesmente Joe Biden, tomou posse em janeiro de 2021 com desafios à altura da posição de homem mais poderoso do mundo. Entre eles, o de recuperar a imagem da maior potência do planeta, para lá de arranhada depois do mandato único de Donald John Trump, talvez o mais escandaloso ocupante da Casa Branca na história. Em qualquer sentido.

Outra tarefa imensa, recolocar nos trilhos a maior economia do mundo, abalada pelo fracasso no enfrentamento da mais grave crise sanitária em cem anos e as dúvidas que cercam o modelo liberal-protecionista do trumpismo. Tudo isso com um novo Congresso em um mundo ainda mergulhado numa pandemia que tem os Estados Unidos como líder do triste ranking de mortos e contaminados pela Covid-19.

No espaço de um ciclo eleitoral, Biden passou de coadjuvante a protagonista, atraindo holofotes e perguntas. Será que merece a fama de negociador pragmático, construída em mais de meio século de vida pública? A habilidade é tida como fundamental para reconquistar a confiança de aliados históricos, abalada pelo isolacionismo raivoso de Trump. Mas também para recuperar a posição de liderança dos Estados Unidos nas discussões dos grandes temas do planeta, das mudanças climáticas à eventual retomada de negociações sobre o programa nuclear do Irã.

Sai a cruzada ultranacionalista, volta o multilateralismo e a determinação de religar os Estados Unidos ao mundo que ajudou a moldar no século XX. Em casa, mais trabalho duro. Reconstruir pontes e criar espaços de diálogo, num país profundamente dividido. No debate racial, nas visões sobre economia, nas discussões sobre representatividade, o papel do Estado e mais. A recuperar ainda a própria democracia americana, que teve a solidez posta em dúvida.

Mas, afinal, quem é esse Joe Biden que chegou ao poder com uma carga de expectativas tão grande, prometendo ser um presidente de transição? É a pergunta a que este livro tenta responder de forma objetiva e direta.

O que dá para adiantar, relembrar? Que Biden é figura conhecida do mundo político dos Estados Unidos desde que chegou ao Senado no início da década de 1970. Para interlocutores estrangeiros, um conhecedor da geopolítica, com experiência acumulada na Comissão de Assuntos Internacionais do Senado e em oito anos como vice-presidente. Para o público leigo, é o simpático companheiro de chapa de Barack Obama. Para todos os efeitos, um político veterano que chegou ao ponto mais alto da carreira numa idade mais facilmente associada à aposentadoria do que ao trabalho produtivo.

Nascido na Pensilvânia, Biden cresceu e fez carreira política no pequeno estado de Delaware. Sempre se apresentou como representante do cidadão médio e há quem diga que sempre foi um político mediano. Os mais próximos preferem alimentar a imagem de ponderado, bom ouvinte, católico praticante, atento às questões dos menos favorecidos.

Insistente, Biden tentou ser candidato a presidente em 1987 e em 2007, até sair vitorioso na disputa do partido em 2020, que só deslanchou com o apoio decisivo de lideranças negras da Carolina do Sul.

Resiliente, tem a vida marcada por tragédias pessoais. Perdeu a primeira mulher e uma filha num acidente, logo depois de ter sido eleito senador. Casou de novo, com a hoje primeira-dama Jill, com quem teve mais uma filha. Um pai que ainda perderia o primogênito e herdeiro político para um câncer e não desistiu nem quando foi surpreendido por um aneurisma cerebral durante uma campanha. Um orador que não se deixa abater pelas gafes e que precisou superar a gagueira, num processo que nunca esqueceu e contribuiu para desenvolver e demonstrar empatia com quem enfrenta dificuldades.

Para contar o que importa saber na história de Joe Biden sem cair no culto personalista ou no tom asséptico dos biógrafos que querem agradar biografados ou herdeiros, o jornalista Evan Osnos foi bem além dos dados acessíveis a alguns cliques na internet. Usou como base perfis que escreveu em momentos diversos para a revista *The New Yorker,* conhecida pela qualidade dos textos e a obsessão com a precisão das informações. Fez mais de cem entrevistas e acumulou revelações de bastidores. O que você, leitora ou leitor, vai encontrar nas próximas páginas não é, portanto, uma biografia nos moldes habituais, com ordem cronológica rígida e uma sucessão de acontecimentos elencados. É um texto fluido em que o protagonista sai de cena diversas vezes, mas sempre volta. Revendo acertos e erros, incorporando bandeiras, encabeçando projetos ou trabalhando em parceria. Um político que já escreveu seu nome na história como vice do primeiro presidente negro dos Estados Unidos, agora determinado a demonstrar que um homem comum, ou quase, é capaz de cumprir as mais extraordinárias missões.

Marcelo Lins
Jornalista

Prólogo

12 de fevereiro de 1988

Um homem de 45 anos — branco, pai de três filhos — acorda no chão do seu quarto de hotel. Passara cinco horas inconsciente. Mal conseguia mover as pernas. Não sabia como havia chegado ali. Lembrava-se apenas de uma explosão de agonia — ele fizera um discurso em Rochester, Nova York, e voltara ao quarto, onde sentira algo parecido com um cutelo partindo seu crânio. Passara meses ignorando a dor estranha em sua cabeça e seu pescoço, afogando-a com Tylenol, culpando a absurda sobrecarga de concorrer à presidência ao mesmo tempo que presidia o comitê dedicado ao judiciário no Senado dos Estados Unidos. A campanha terminara de forma constrangedora — fruto de sua própria arrogância, admitia para si mesmo —, mas as dores de cabeça continuaram.

O homem se ergueu até a cama. De lá, seu assistente o colocou em um avião rumo a Delaware, onde os médicos diagnosticaram um aneurisma cerebral, o inchaço de uma artéria que irriga o cérebro. A expectativa de sobrevivência era tão reduzida que foi chamado um padre para sua extrema-unção antes mesmo que sua esposa conseguisse chegar. Nas horas que se seguiram, ele foi transferido debaixo de uma tempestade de neve para a capital do país, Washington, e um cirurgião alertou que a operação poderia lhe tirar a capacidade de falar. "Isso teria sido proveitoso no verão passado", retrucou o homem.

Ele passou mais três meses deitado, em meio a novas cirurgias e complicações, confinado a um leito de hospital. Estranhamente, seu fracasso na campanha presidencial salvara a sua vida. Caso ele tivesse permanecido na estrada, cruzando New Hampshire e ignorando os sintomas, poderia não estar mais ali. No momento mais crítico de sua provação, um médico disse que ele era "um homem de sorte". Sete meses se passaram antes que o homem conseguisse se levantar e voltar ao trabalho. Ao primeiro grupo de pessoas que encontrou, comentou ter recebido uma "segunda chance na vida".

Mais de trinta anos após Joe Biden quase ter morrido, esse momento é com frequência ignorado entre os marcos oficiais de sua biografia política. Mas aquele instante ilustra o padrão que define a sua vida — uma sequência de reviravoltas improváveis, algumas espetacularmente favoráveis e outras quase inacreditavelmente cruéis. A ambição de Biden de atingir os níveis mais altos de poder nos Estados Unidos impulsionou sua ascensão por mais de cinco décadas. Quando ele mal havia saído da adolescência, a mãe de Neilia Hunter (sua então namorada e, posteriormente, sua primeira esposa) perguntou quais eram seus objetivos profissionais. "Ser presidente", respondeu Biden, acrescentando: "dos Estados Unidos".

Sua trajetória política o colocou em momentos cruciais da história norte-americana moderna, incluindo alguns dos conflitos determinantes no que diz respeito a raça, gênero, crime, saúde, capitalismo e guerra. Ele cometeu erros, se justificou e pagou um preço. Várias vezes derrotou previsões de que estava acabado, e se viu, para sua própria surpresa, ao lado de Barack Obama em uma disputa histórica pela Casa Branca. Em seu discurso na Convenção Nacional Democrata em 2008, ele disse: "Fracassar em algum momento da vida é inevitável, mas desistir é imperdoável."

Na vice-presidência — o cargo mais infame de Washington —, com frequência Biden dava a impressão de ser um homem que não conseguia acreditar na própria sorte. Os problemas que teve na vida o despiram de parte da vaidade solene. Um ministro britânico certa vez perguntou a ele, em um encontro a sós, qual era o cerimonial de tratamento entre os dois. Biden olhou para os dois lados e, comicamente, respondeu: "Como estamos a sós, por que não me chama de senhor presidente e eu o chamo de senhor primeiro-ministro?"

Em 2020, ele era um político veterano tão marcado pelos muitos anos e muitas batalhas que seus adversários, e mesmo alguns de seus admiradores, questionavam se era sábio se candidatar mais uma vez. E ele voltou a frustrar as previsões, emergindo como o candidato democrata à presidência em um confronto com implicações tão graves para o futuro dos Estados Unidos que tornou reais os clichês habituais sobre a mais importante eleição de nossas vidas. Ele estava em uma disputa direta com Donald Trump por um cargo que perdia seu status de líder do mundo livre.

As circunstâncias de sua vida e um país em perigo conspiraram para colocar Joe Biden no centro de um acerto de contas norte-americano, despertando uma urgente curiosidade, nos Estados Unidos e no exterior, de saber o que o moldara, como ele pensava, o que trazia e do que carecia. No momento em que seu país se prostrava diante do mundo, Biden chegara para escrever seu nome na história.

Capítulo 1

ANNUS HORRIBILIS

Os elegantes subúrbios prósperos de Wilmington, Delaware, nos bosques sinuosos do vale Brandywine, fazem sucesso com os herdeiros da fortuna química da família du Pont. Suas propriedades e seus jardins ficam escondidos no que é conhecido como Chateau Country de Delaware. Em um terreno modesto quando comparado com os padrões dos du Pont — pouco mais de 16 mil metros quadrados —, Joe Biden e sua esposa Jill vivem entre colinas com vista para um pequeno lago.

No 99.º dia antes da eleição, parei na entrada de carros de Biden. Para evitar o contágio do novo coronavírus, seus assessores me instalaram em uma construção a pouco menos de cem metros da casa em que a família mora. "Bem-vindo à casa da minha mãe", disse Biden do pé da escada, um instante antes de sua cabeleira branca surgir.

Então, ele chegou ao segundo andar. Vestia uma impecável camisa social azul, com as mangas arregaçadas até os cotovelos, uma caneta pendurada entre os botões e uma máscara N95 branca reluzente.

Biden estava a três semanas de se tornar oficialmente o candidato democrata a presidente dos Estados Unidos. A manchete na primeira página do *The Washington Post* naquela manhã era: "Imagem dos Estados Unidos em baixa no mundo". O número de mortos no país pelo coronavírus se aproximava de 150 mil, três vezes mais vidas do que as perdidas na guerra do Vietnã. A queda da economia acontecia mais rapidamente que em qualquer outro momento na história do país. Em Portland, no Oregon, agentes federais com uniformes sem identificação lançavam gás lacrimogêneo contra manifestantes que Donald Trump chamava de "anarquistas e agitadores doentios e alucinados". Naquele mesmo dia, Trump usava o Twitter para alertar que os manifestantes iriam "destruir nossas cidades americanas, ou pior, caso Joe Soneca Biden, a marionete da esquerda, vença. Os mercados despencariam e as cidades arderiam".

O homem que estava entre os americanos e mais quatro anos de Trump parecia contente de ter companhia.

No estranho verão de 2020, a residência de Biden estava tão solene e isolada quanto uma abadia. O chalé, decorado com inspirações celtas (venezianas verdes, estampa de cardo nas almofadas) servia também como posto de comando do serviço secreto, e homens grandes com armas nos coldres andavam de um lado para o outro com o passo firme. Biden se sentou em uma poltrona em frente a mim, do outro lado do aposento, e estendeu as mãos em um cumprimento socialmente distante. "Os médicos são muito rígidos", explicou.

Ainda naquela tarde, os Biden tinham um compromisso em Capitol Hill para prestar homenagem ao recém-falecido John Lewis, de Geórgia, um ícone da luta pelos direitos civis que teve o crânio fraturado por policiais estaduais em Selma, no Alabama, antes de chegar à Câmara dos Deputados e se tornar a "consciência do Congresso". Seria um acontecimento raro. Desde a implantação do *lockdown* em março, Biden circulara por sua varanda dos fundos, onde realizava encontros pelo Zoom para arrecadar fundos, uma academia no andar de cima e a sala de gravações no porão, onde dava entrevistas para a TV diante de uma estante e uma bandeira americana dobrada. A estrutura de campanha estava espalhada pelas casas de cerca de 2.300 funcionários.

Antes que eu fizesse uma pergunta, ele explicou a origem do chalé. Quando seu pai, Joe Sr., ficou doente em 2002, Biden reformou o porão da casa principal para seus pais se instalarem. "Deus o amava, e ele durou uns seis meses. Achei que minha mãe iria ficar", contou.

Mas ela tinha outra ideia. (A falecida mãe de Biden, Jean Finnegan, desempenha um papel extraordinário nas histórias que ele conta da família. Ele lembra que na escola primária uma freira zombou dele por gaguejar, e a mãe, católica praticante, disse a ela: "Se você falar assim com meu filho de novo, eu volto e arranco esse capelo da sua cabeça.")

Biden contou que depois de ficar viúva, Jean lhe fez uma proposta. "Ela disse: 'Joey, se você construir uma casa para mim, eu me mudo para cá.' Eu respondi: 'Querida, não tenho como construir uma casa para você.' E ela retrucou: 'Sei que não. Mas conversei com seus irmãos e sua irmã. Venda minha casa e construa um anexo.'"

Durante anos, Biden, que dependia de seu salário de servidor público, foi um dos membros menos prósperos do Senado dos Estados Unidos. (Nos dois anos após deixar a vice-presidência, os Biden ganharam mais de 15 milhões de dólares com palestras, aulas e livros.) Biden reformou uma antiga garagem, e a mãe se mudou. "Eu entrava e ela estava naquela cadeira lá de baixo, de frente para a lareira, vendo televisão. Sempre havia uma cuidadora por perto, e ela ficava ouvindo sua confissão."

Joe Biden foi um "homem público", como ele mesmo diz — com um mandato, dando entrevistas, contando histórias —, por cinco décadas. Eu o entrevistara pela última vez, principalmente sobre relações exteriores, em 2014, quando ele estava na Casa Branca e Donald Trump apresentava a 14.ª temporada de *O aprendiz*. Biden tem 77 anos e parece mais magro do que há seis anos, mas não demais. Ele não se despediu da juventude sem lutar. Seu sorriso passou por um branqueamento tão poderoso que inspirou um *tweet* durante a campanha de 2012: "Os dentes de Biden estão tão brancos que votarão em Mitt Romney". Ele ganhou um implante capilar, sua testa parece alisada. No geral, Biden transmite a imagem de um avô recém-chegado da academia, o que muitas vezes é o caso. Sua tagarelice continua sinuosa como sempre. James Comey, o ex-diretor do FBI, certa vez escreveu que uma conversa típica com Biden começava na "Direção A", antes de seguir para a "Direção Z". (Em dezembro de 2019, sua campanha divulgou um resumo médico de seus registros de saúde que o declarava um homem "saudável e vigoroso" para a sua idade.)

As implicações de sua idade, de uma forma ou de outra, pairaram sobre a campanha presidencial. Trump tomou posse como o mais velho presidente na história. No verão de 2020, ele estava com 74 anos. Para desviar perguntas sobre a sua capacidade mental, ele e seus aliados apresentaram Biden como um homem senil, um tema que dominou programas de TV e contas de Twitter de extrema direita. Biden pouco viu desses comentários, já que não acompanha redes sociais. (Em comparação com Trump, a campanha de Biden as usou sem entusiasmo. Trump tinha mais de 114 milhões de seguidores contando Twitter e Facebook. Biden tinha menos de dez milhões.)

Se acontecia algo grande, sua equipe incluía um *tweet* no resumo do noticiário matinal que ele recebia e lia no celular. "Não vejo muitos dos comentários. Gasto meu tempo tentando me concentrar nos problemas atuais das pessoas."

No final de agosto, dez semanas antes da eleição, Biden superava Trump em média por oito pontos percentuais. Mas nenhum habitante da Terra esperava um final de campanha normal. Algumas pesquisas mostravam uma disputa acirrada, que poderia ser transformada por uma mudança repentina na economia, no Congresso ou na Suprema Corte. "Eu me sinto bem com nossa posição.

Mas sei que vai ser feio." Enquanto Trump questionava a legitimidade dos votos pelos correios, seu diretor dos Correios despudoradamente cortava serviços de modo a impedir que votos fossem contabilizados. Ruth Bader Ginsburg, a mais velha juíza da Suprema Corte, começara pouco antes a fazer quimioterapia, abrindo a perspectiva de uma acirrada disputa partidária pela escolha de um sucessor. Agentes republicanos estavam ajudando Kanye West, o astro do hip-hop defensor de Trump, a figurar nas cédulas em diversos estados, o que alguns suspeitavam que poderia drenar votos negros de Biden. Enquanto isso, os serviços de inteligência americanos alertavam que, como em 2016, os russos estavam atuando para prejudicar o adversário de Trump, dessa vez com gravações telefônicas editadas para sustentar a mentira de que Biden usara sua posição de vice-presidente para ajudar o filho Hunter a ganhar dinheiro na Ucrânia.

Para um favorito, Biden não estava exatamente otimista. "Estou preocupado que eles fraudem o resultado das eleições. Afinal, quando você já ouviu um presidente dizer: 'Não sei se irei aceitar o resultado'?"

Os problemas de 2020 desmontaram algumas das histórias mais fundamentais que nós, americanos, contamos. O país mais rico e poderoso do mundo fracassou nas respostas mais básicas à pandemia — encontrar máscaras, testar a população — e alguns dos órgãos governamentais se revelaram tão antiquados e sem recursos que usavam aparelhos de fax para partilhar informações. A Casa Branca tomava providências que pareciam debochar de Kafka. Ao mesmo tempo que as pessoas eram aconselhadas a não comer fora, aventava-se a possibilidade de uma isenção de impostos para as empresas que servissem refeições no trabalho.

Diferentemente do que ocorreu na Segunda Guerra Mundial, quando americanos de classe média racionavam produtos básicos como carne, café e açúcar, muitos americanos da era Covid-19 rejeitavam apelos para permanecer em casa ou cobrir o rosto. Alguns se arriscaram e passearam nas férias da primavera, enquanto estoquistas, ajudantes de casas de repouso e entregadores voltaram ao trabalho, tendo sido considerados "essenciais". Em Washington, até padrões básicos de coesão política foram abandonados. Quando Larry Hogan, governador republicano de Maryland adversário de Trump, encomendou kits de exames da Coreia do Sul, achou necessário utilizar a força da polícia estadual e de soldados da Guarda Nacional para proteger o carregamento, por medo de que o governo federal tentasse confiscá-lo.

Trump se vangloriara de ter retido suprimentos e equipamentos destinados a estados com líderes democratas. "Não telefone para o governador de Washington", ele se lembrava de dizer ao seu vice-presidente, Mike Pence. "Não ligue para aquela mulher de Michigan." Em abril, na Fox News, Jared Kushner, genro do presidente e um dos responsáveis pelo combate ao coronavírus, classificou o esforço do governo como "uma grande história de sucesso". Nos quatro meses seguintes, pelo menos mais 110 mil pessoas morreram.

E, em meio à pandemia, a morte de George Floyd, sufocado ao ser violentamente imobilizado por um policial, produziu uma segunda mudança fundamental na história americana — encarar a entrincheirada hierarquia de poder, que Isabel Wilkerson, em seu livro *Caste*, chamou de "o lanterninha silencioso em um cinema escuro, com a luz da lanterna apontada baixo para os corredores, nos conduzindo aos nossos lugares".

Cornell William Brooks, professor de Harvard, ativista e ex-presidente da NAACP [sigla para National Association for the Advancement of Colored People — Associação Nacional para o Progresso de Pessoas de Cor], comparou o assassinato de George Floyd ao assassinato de Emmett Till em 1955, que inspirou o movimento pelos direitos civis em Montgomery. A escala dos protestos refletiu uma fúria mais profunda que o horror que o despertara. "O elemento mais incendiário nesse caldeirão é a esperança frustrada. Muitos de nós se lembram de "esperança e mudança", e o que recebemos foi literalmente raiva e medo. As pessoas não aguentam mais", disse Brooks.

Biden acreditava que as falhas da liderança de Trump, particularmente na pandemia, haviam ficado óbvias até para o defensor republicano mais ferrenho. "Todos sabem, mesmo as pessoas que o apoiam: tudo não passa de interesse pessoal. Tudo diz respeito a ele. Isso teve um impacto profundo na vida das pessoas." Ainda assim, ele reconhecia, isso poderia não ser suficiente para mudar a opinião dos eleitores. Quando Biden caracterizou os partidários de Trump, não foi como iludidos, culpados ou deploráveis. "Eles acham que estarão melhor materialmente se ele for presidente. Acho que ele teve sucesso em certa medida, com uns 40% dizendo: 'Os democratas são socialistas. Eles estão aqui pra tomar tudo o que você tem.'"

Há muito os republicanos acusam os democratas de tramar para contrabandear o socialismo para os Estados Unidos. Mas fazer essa acusação a Biden, cuja carreira se distinguiu principalmente por um cuidadoso centrismo, era uma tarefa complicada. Biden chegou às primárias democratas com um objetivo limitado: encerrar a presidência de Trump. A maioria dos americanos não quer uma revolução, argumentou. Em um dos primeiros encontros para levantar recursos em Nova York, ele prometeu não "demonizar" os ricos, e disse que "fundamentalmente nada iria mudar". (Na internet, as pessoas compartilharam cartazes de campanha fictícios ao estilo de "Hope", o retrato colorido de Obama, com o lema "Fundamentalmente nada iria mudar".) Mas na época em que Biden efetivamente conseguiu a indicação, em março, ele já começara a descrever sua candidatura como uma aposta em mudanças sistêmicas na escala do New Deal de Franklin Roosevelt. De acordo com um assistente do alto escalão de Bernie Sanders, Biden disse a Sanders em um telefonema sobre um possível apoio: "Eu quero ser o presidente mais progressista desde Roosevelt."

Essa mudança confundiu os críticos de ambos os lados. Biden foi simultaneamente acusado de ser uma marionete socialista e um neoliberal vendido. Para seus detratores à esquerda — especialmente democratas mais jovens, mais educados e ideológicos que são muito atuantes na internet —, ele era uma criatura do *ancien régime* e um acólito do estado de segurança nacional com tão pouco interesse por mudanças que, quando venceu na Superterça — momento em que ocorrem prévias simultâneas em diversos estados para a escolha dos candidatos do Partido Democrata e do Partido Republicano —, as ações de planos de saúde valorizaram. Os liberais ficaram desalentados por a disputa eleitoral mais diversa da história ter produzido um homem branco na casa dos oitenta anos. Era como se o garçom tivesse voltado da cozinha com a notícia de que todos os pratos especiais haviam terminado e que restava apenas mingau de aveia. (Eles, claro, sempre tinham a opção de mais veneno de rato.)

Maurice Mitchell, o diretor nacional do Working Families Party, observou: "As pessoas disseram: 'Ah, esse cara é um idiota.' Ele não tem ideologia, o que é muito importante para nós. Nas primárias, ele se oferecia como um candidato retrógrado. Não ia além de voltar ao ponto em que estávamos nos anos Obama." Mitchell, que também era um líder do Movement for Black Lives, afirmou que a mudança de tom de Biden chamou a atenção dos progressistas. "Ele está reconhecendo que este pode ser um momento *rooseveltiano*. Ele não chegou lá, ninguém acha que Joe Biden é uma estrela progressista, mas ele pode ser produto de seu raciocínio mais cético ou produto de seu raciocínio mais otimista."

Em uma entrevista quando a eleição se aproximava, perguntei a Barack Obama como ele interpretava a guinada de Biden para a esquerda. "Se você olhar os objetivos de Joe Biden e os objetivos de Bernie Sanders, eles não são muito diferentes quando vistos de 12 mil metros", comentou. "Ambos querem garantir que todos tenham acesso à saúde. Querem garantir que todos consigam um emprego que lhes permita viver. Querem garantir que todas as crianças recebam uma boa educação", disse sugerindo que era uma questão tática. "Muitas vezes, a questão diz respeito a 'como lidamos com isso, e quais são as coalizões necessárias'. Acho que o que este momento conseguiu foi mudar alguns desses cálculos, não necessariamente porque Joe tenha mudado, mas porque as circunstâncias mudaram."

As tensões que afligiam o Partido Democrata refletiam o choque entre a melhoria liberal — a política de "longo prazo" de Obama e Biden — e o movimento urgente que Sanders chamava de "revolução". As duas facções alegavam ter virtudes rivais: uma enfatizava realismo, construção de coalizões e políticas práticas; a outra apontava a evidência incontestável de que as "reformas" habituais não haviam enfrentado a disseminada desigualdade, a crueldade do sistema de saúde americano e carcerário, e a catástrofe ecológica.

A divisão era tanto geracional quanto ideológica. Os americanos jovens cresceram com uma sucessão de fiascos — a invasão do Iraque, a reação ao furacão Katrina, a crise financeira de 2008 — e passaram a atribuir a culpa de tudo isso em parte à gerontocracia. Em 2020, a média etária da população americana era de 38 anos. A média etária dos senadores americanos era de 65. O Congresso estava entre os mais velhos da história. O líder da maioria no Senado, Mitch McConnell, tinha 78. A presidente da Câmara, Nancy Pelosi, oitenta. A disparidade etária estava na raiz de uma profunda diferença nas visões de mundo. Nas palavras de Patrick Fisher, professor de Seton Hall especializado na dinâmica política da idade, "demograficamente, politicamente, socialmente e tecnologicamente as gerações diferem mais uma das outras hoje do que em qualquer momento antes".

Os *millennials* são a maior geração nos Estados Unidos hoje, e a de maior diversidade na história do país. Eles ingressaram no mercado de trabalho durante a pior recessão desde os anos 1930. Pessoas com menos de 25 anos de idade se depararam com taxas de desemprego mais de duas vezes superiores às de outros grupos etários. Em 2012, um número recorde de jovens adultos entre 18 e 31 anos morava com os pais. Nos anos 2010, enquanto o trumpismo germinava na direita, um movimento político rival brotava à esquerda, conduzido pelos jovens. Do ponto de vista deles, os americanos mais velhos estavam usando o sistema político para desviar recursos das gerações mais novas. Em 2014, o governo federal gastou aproximadamente 6 dólares *per capita* em programas para os mais velhos, contra 1 dólar investido em programas para crianças, de acordo com Paul Taylor, autor de *The Next America*, um estudo sobre o futuro demográfico dos Estados Unidos.

Muitos americanos jovens depositaram suas esperanças em Obama. Em 2008, ele teve o voto de impressionantes dois terços dos *millennials*. Ao final de seus mandatos, eles haviam chegado à conclusão de que se ele não conseguia levar os partidos políticos a agir, então ninguém conseguia. Entre 2013 e 2017, a idade média dos filiados ao Partido Socialista Democrático da América caiu de 68 para 33 anos. Muitos outros manifestaram o desejo de um socialismo mais próximo do New Deal. Em 2019, Greta Thunberg, a adolescente sueca que inspirou uma greve global pelo clima, disse às Nações Unidas: "A mudança está a caminho, gostem vocês ou não."

Quando perguntei a Obama sobre as tensões no partido, ele as apresentou como facetas da "tradicional ideia democrata". "Você tem um partido guarda-chuva. E isso significa que você tolera, escuta e aceita pessoas que são diferentes de você, e tenta mantê-las no coletivo. Então, trabalha não apenas com democratas liberais, mas também com democratas conservadores, e está disposto a ceder em certas questões." Essa foi uma crítica aos democratas que consideram que ceder é uma falha. Em comentários feitos no ano anterior, Obama lamentou o surgimento no partido de um "pelotão de fuzilamento circular". "Essa ideia de pureza, de que você nunca cede, de que sempre é politicamente atento às injustiças sociais e tudo o mais, é melhor superar isso logo", disse.

Antes de se tornar candidato, Biden se mostrou frustrado com a baixa participação da juventude nas eleições. Em 2019, ele resmungou que quando Trump enfrentou Hillary Clinton "eles ficaram em casa, não se envolveram". Mas, quando conversamos durante a campanha, ele se esforçou para soar mais conciliador. "Essa geração foi ferrada. Essa foi a mais receptiva, a menos preconceituosa, a mais brilhante e a mais educada geração da história americana. E o que acontece? O 11 de Setembro, uma guerra, a Grande Recessão, e isso. Essa geração merece receber ajuda no meio dessa crise." Ele compreendia alguns elementos dos apuros pelos quais passavam. "Estou quitando os empréstimos estudantis de Beau Biden", disse, se referindo ao primogênito, morto em 2015. "Ele nunca atrasou um pagamento, mas, quando passou pelos cursos iniciais e concluiu a faculdade de direito, devia 124 mil dólares."

Na primavera de 2020, Biden começou a se descrever como um "candidato de transição", explicando assim: "No partido, nós nunca demos espaço aos mais jovens, a oportunidade de se destacar e chamar a atenção do restante do país. Há um incrível grupo de pessoas novas, talentosas e mais jovens." Ben Rhodes, um dos conselheiros de Obama na Casa Branca, me disse: "Essa é uma ideia poderosa. Ela diz: 'Eu sou um homem branco de 77 anos de idade, fui senador durante trinta anos, e entendo tanto essas limitações quanto a natureza desse país.' Porque não importa o que ele faça, não pode compreender inteiramente a frustração das pessoas nas ruas. Essa não é uma crítica. Apenas a realidade." Um alto funcionário do governo Obama observou que o discurso de Biden também incluía uma mensagem mais sutil. "Este país precisa baixar a bola e ter um presidente tedioso."

Para Varshini Prakash, de 27 anos de idade, uma das fundadoras do Sunrise Movement, uma organização jovem que pressiona por ações contra a mudança climática, Biden reconheceu a necessidade urgente de demonstrar mais que um interesse puramente retórico pela esquerda jovem. "Você tem um candidato à presidência que basicamente dedicou sua carreira a defender soluções paulatinas", disse ela. "E então ele se descobre em um momento em que as pessoas estão fartas do *status quo* que ele, em grande medida, representa: um sistema econômico que reinou absoluto por quatro décadas, e que ele defendeu, e também problemas com a saúde, o clima, a violência armada, a imigração. Tudo isso entrou em ebulição", comentou. "Acho que foi a Covid-19 que fez com que tudo transbordasse, que o fez reconhecer que, se não descobrisse uma forma de dosar seu comedimento com o grau de mudanças revolucionárias pelas quais as pessoas estão clamando, ele estaria muito encrencado."

Para ir à homenagem a Lewis, Biden embarcou em um SUV preto blindado. Ele trocara suas roupas de campanha doméstica por trajes fúnebres — camisa branca engomada, terno e gravata escuros e máscara preta. Na rotunda do Capitólio, ele e Jill foram recebidos por Nancy Pelosi, que não viam desde a implantação do *lockdown*. Eles conversaram um pouco, e depois os Biden se aproximaram do caixão de Lewis coberto com a bandeira, colocado no mesmo ponto em que Abraham Lincoln foi exposto um século e meio antes. Como outros, Biden desafiara os republicanos a honrar Lewis ao restabelecer a Lei de Direito ao Voto — para "proteger o direito sagrado ao voto pelo qual ele estava disposto a morrer", nas palavras de Biden. A lei servira como uma barreira à discriminação racial nos postos de votação de 1965 a 2013, quando a Suprema Corte decidiu que não havia mais as condições que a tornavam necessária. Desde então, republicanos em muitos estados aumentaram os esforços para barrar eleitores usando exigências falaciosas — no Senado, o líder republicano Mitch McConnell barrou projetos de lei que tentavam garantir o direito ao voto.

Biden e Lewis conversaram pelo telefone pela última vez alguns dias antes da morte deste. Quando recebeu a notícia, Biden soltou uma nota à imprensa: "Para pais tentando responder às perguntas dos filhos sobre como entender o mundo de hoje, ensinem a eles sobre John Lewis".

Nos dias seguintes, o caixão de Lewis percorrera o roteiro da luta dos negros pela liberdade, começando em sua cidade natal Troy, no Alabama, cruzando a ponte Edmund Pettus, em Selma, e parando na recém-batizada praça Black Lives Matter, perto da Casa Branca. No Capitólio, Biden pousou a mão no caixão e fez o sinal da cruz.

Trump, por sua vez, não compareceu à cerimônia. Uma vez, Lewis declarou que ele não era um "presidente legítimo", ao que Trump respondeu em um ataque nada sutil que o distrito de Lewis era "infestado de crime". Pressionado a dizer algo, Trump tuitou, voltando do golfe, que estava triste e que "Melania e eu oramos por ele e por sua família".

Na disputa presidencial, os levantes de 2020 deram a Trump muitas oportunidades de parecer racista e desajeitado, ao mesmo tempo que poupavam Biden, um candidato reconhecidamente falastrão, dos riscos de encarar uma agenda completa. Seus assessores negaram sugestões de que tivessem intencionalmente permitido a Trump roubar a cena, mas em maio Biden afirmou: "Quando mais ele falar, melhor eu fico."

A reticência nunca foi o comportamento padrão de Biden. Mesmo em Washington, a Meca dos falastrões, ele se distinguia. Quando Obama, recém-chegado ao Senado em 2005, ouviu Biden falar em uma reunião do Comitê de Relações Exteriores, passou a um assessor um bilhete de três palavras: "Quero. Morrer. Agora." Um ex-assessor de muito tempo se lembrava de ter aprendido a flexionar os joelhos durante os discursos do chefe para não desmaiar. Biden conhece sua reputação e às vezes brinca sobre ela.

Certa vez, quando seu microfone teve um defeito durante uma entrevista televisiva, ele brincou: "Eles fazem isso comigo na Casa Branca o tempo todo."

A conhecida sede de Biden por interação humana provavelmente foi um fator importante em sua vitória nas primárias. O ex-prefeito de South Bend, Indiana, Pete Buttigieg, um dos seus rivais, o observou nos bastidores antes de um debate. "Alguns candidatos conversavam uns com os outros. Alguns falavam sozinhos", relatou, dizendo que Biden batia papo com o pessoal da produção e animava os candidatos novatos. "Acho que qualquer ser humano que esteja por perto é alguém com quem ele fica feliz de conviver, conversar e escutar."

Com a aproximação das eleições, Biden enfrentou uma dificuldade: seu sucesso político nunca fora fruto de discursos arrebatadores ou da utilização inteligente das redes sociais, e sim de chegar às pessoas — e a pandemia tornara isso quase impossível. A questão era se ele conseguiria estabelecer uma ligação com eleitores suficientes para derrotar Trump quando muitos democratas teriam preferido outro candidato do Partido Democrata.

Capítulo 2

O QUE FOI PRECISO

BIDEN OSCILA ENTRE ABRAÇAR A IMAGEM DE UM AVÔ BONdoso e se irritar com ela. O apresentador televisivo da madrugada Stephen Colbert certa vez se referiu a ele no ar como um "bom velhinho". Era 2015 e Biden ligou para ele no dia seguinte, me contou Colbert. "Ele disse: 'Escute, amigo, se você me chamar de bom velhinho mais uma vez, vou aí pessoalmente chutar sua bunda.' Eu ri e ele riu. Então retruquei: 'Não se preocupe. Não vou chamá-lo de bom velhinho, porque você não é *tão* bom assim.'"

Na verdade, a efusividade de Biden sempre foi acompanhada de um lado mais ríspido. Entre os assessores ele é conhecido por apoiar pessoas talentosas sem conexões e ligar para as mães de seus funcionários de surpresa, mas também pode ser rude e exigente, deixando o trabalho braçal de arrecadação de fundos a cargo dos outros. Às vezes, é mais grato a estranhos que querem tirar selfies do que a assessores que passaram anos o mantendo no cargo. Jeff Connaughton, um ex-assessor desencantado, certa vez o chamou de "autocrata egomaníaco". Mas Connaughton, que se tornou lobista, também admirava o desprezo de Biden pela bajulação corruptora de Washington. "Biden nunca fez nada por mim ou por um de meus clientes", escreveu ele em seu livro *The Payoff: Why Wall Street Always Wins.* "Ao contrário da maior parte do Congresso, ele quase nunca confraternizava com a 'classe permanente' de burocratas e lobistas. Ele fez o melhor que pôde para ficar o mais longe possível deles."

Apesar de todo seu tempo em Washington, Biden nunca pertenceu inteiramente à elite tecnocrática. Para os democratas dominantes — os círculos de Clinton e Obama —, ele era piegas demais, com aquela imagem do Joe simples que anda de trem, transparente demais em sua ambição. Biden é o primeiro candidato democrata sem um diploma da Ivy League [grupo formado pelas oito mais prestigiadas universidades dos Estados Unidos], desde Walter Mondale, em 1984. Em um ambiente de acadêmicos que se formaram graças à bolsa

Rhodes e ex-professores, ele é sensível demais a paternalismo, real e imaginado. Biden mal tinha chegado à Ala Oeste quando *The Onion* declarou em uma manchete "Sem camisa, Biden lava seu Trans Am na garagem da Casa Branca", dando origem a um personagem — o criador de caso no fundo do bar — tão marcante que o fato de ele ser abstêmio a vida inteira foi ignorado. (Alcoólatras demais na família, segundo o próprio. Biden cresceu dividindo o quarto com o tio materno e se lembrava da experiência: "Mesmo quando crianças, percebíamos que o tio Boo-Boo bebia um pouco demais.")

As inseguranças de Biden alimentaram certa expansividade e vulnerabilidade. Mesmo depois de décadas ocupando cargos federais, ele conversava com qualquer pessoa ao seu alcance, em parte para descobrir o que os outros sabiam e ele não. Um alto funcionário do governo Obama, que periodicamente atualizava Biden sobre os acontecimentos, lembrou: "Ele falava 90% do tempo da conversa. E ainda assim captava alguma coisa. No final, nós nos levantávamos e saíamos, e ele me dava um tapinha nas costas: 'Boa conversa.' E eu ficava um pouco atordoado. Então, a questão é qual Joe Biden governa: aquele que é sinceramente aberto e em busca de pontos de vista que o ajudem a ser mais eficaz? Ou o que vai falar com você porque acha ter palavras e experiência suficientes para enfrentar qualquer situação?"

Durante anos, Biden lutou contra uma tendência angustiante de meter os pés pelas mãos. Falando sobre soldados norte-americanos perseguidos por cobradores de dívidas enquanto estão em missão, ele certa vez condenou os "Shylocks que se aproveitam desses homens e mulheres". Nas imagens do discurso, no outono de 2014, seu olhar varre a plateia e, a julgar pelo tremor que percorre seu rosto, é possível notar que ele percebe que talvez tenha cometido um erro. "Ação é eloquência", observou Shakespeare no início dos anos 1600, poucos anos depois de escrever *O mercador de Veneza,* a peça que estabeleceu "Shylock" como uma ofensa. Após o comentário de Biden, o diretor nacional da organização judaica Liga Antidifamação, Abraham Foxman, disse que aquela continuava sendo "uma caracterização ofensiva até hoje". Como Biden é um defensor de longa data da comunidade judaica, Foxman contextualizou o momento: "Quando alguém tão amigável com a comunidade judaica e tão aberto e tolerante quanto o vice-presidente

Joe Biden usa o termo 'shylocked' para descrever agiotas inescrupulosos que lidam com homens e mulheres das forças armadas, vemos mais uma vez como esse estereótipo sobre os judeus está profundamente enraizado na sociedade." (Biden rapidamente se desculpou por "uma má escolha de palavras".)

Algumas semanas depois, ele se viu novamente em apuros — mas dessa vez por dizer uma verdade. Biden terminou um discurso formal na Kennedy School de Harvard, iniciou o debate e um estudante perguntou se os Estados Unidos deveriam ter interferido no início da guerra civil síria. "Nossos aliados na região foram nosso maior problema na Síria", comentou Biden, uma caracterização que aliados costumam não gostar. Ele relacionou os turcos, os sauditas e os emirados árabes e acrescentou: "Eles deram centenas de milhões de dólares e toneladas de armas a qualquer um que lutasse contra Assad — só que os fortalecidos eram Al Nusra e a Al Qaeda." Esse apoio ajudaria a fomentar o ressurgimento do radicalismo sunita. O presidente turco Recep Tayyip Erdogan exigiu um pedido de desculpas e chamou seu relacionamento com Biden de "passado". (Biden se desculpou com Erdogan dois dias depois.)

Sua tendência a dizer em voz alta o que outras pessoas em Washington diziam em particular lhe causou problemas no trabalho. Ao descrever o papel dos aliados regionais dos Estados Unidos na Síria, ele estava correto. Os Estados Unidos haviam pedido publicamente aos turcos que fechassem sua fronteira para jihadistas a caminho da Síria, e especialistas não tinham dúvidas de que dinheiro dos países do Golfo acabou nas mãos de militantes extremistas. Andrew J. Tabler, do Washington Institute for Near East Policy, disse ao *The New York Times* que "há erros factuais e há erros políticos" — e o de Biden foi do último tipo.

As desventuras de Biden, que tendiam a acontecer quando ele se aventurava "fora do *teleprompter*", na definição angustiada de sua equipe, eram parte do motivo pelo qual as raposas políticas tantas vezes subestimaram seu potencial. Muitos norte-americanos fora de Washington não ligaram muito para esses momentos. Na verdade, os improvisos de Biden em Harvard desviaram a atenção do que foi, em retrospecto, uma avaliação perspicaz de relações exteriores, na qual ele estabeleceu ligações entre crises — Isis, Ucrânia, Ebola — e crescentes tensões territoriais com potências autoritárias. Biden pediu o fortalecimento da Otan para ajudar "pequenas nações a resistir à chantagem e coerção de potências maiores usando novas armas assimétricas" (uma referência à Rússia e à China). Descreveu uma nova era definida por uma "incrível distribuição de poder nos estados e entre estados que levou a uma maior instabilidade", exigindo "uma resposta global envolvendo mais atores, atores mais *diversos* do que nunca".

Ao longo dos anos, aprendi a reconhecer algumas fontes claras da guerra que Biden trava com a própria boca. A mais comum é o crime da paixão. Durante a batalha pela implementação da Affordable Care Act, em 2014, Biden estava conversando com repórteres do lado de fora da Butterfield's Pancake House, em Scottsdale, Arizona. Ele avistou uma jovem em um banco e se apressou em usá-la como elemento cenográfico, sugerindo a necessidade de contratar um seguro pela Affordable Care Act. "Faça isso por seus pais! Dê-lhes paz de espírito!", implorou ele. Ela acenou com a cabeça corajosamente, mas depois que ele avançou admitiu que não poderia se inscrever porque era uma turista canadense. ("Eu não sabia se deveria dizer.") Em outras oportunidades, seus comentários produziam reação imediata porque ele sabia muito bem que isso aconteceria. Em um evento na Casa Branca sobre a proteção de estudantes contra ataques sexuais, por exemplo, Biden disse que de onde ele vinha quando "um homem erguia a mão para uma mulher, você tinha a obrigação de cair na porrada com ele, se me desculpam a linguagem".

Parte do problema era que Biden tinha desenvolvido seus hábitos no Congresso, onde os parlamentares não recebem o tipo de atenção constante dirigida a um presidente ou vice-presidente. Suas palavras habitavam uma terra de ninguém entre qualidade e quantidade. A maior parte do que ele dizia não era registrada e, portanto, se dissesse algo infeliz, geralmente desaparecia no ambiente barulhento produzido por seus colegas. Contudo, assim que ele foi escolhido como candidato a vice, suas declarações passaram a ser examinadas com atenção. Biden aceitava esse escrutínio como o preço a pagar pela franqueza. "Na verdade, não digo muito sobre o que não tenha pensado muito", disse ele. "Sei que isso parece não combinar com Joe Biden."

Costuma-se dizer que Joseph Robinette Biden Jr. é um produto da geração silenciosa, a legião de norte-americanos cautelosos nascidos entre a Grande Depressão e o fim da Segunda Guerra Mundial, que eram jovens demais para ter lutado no exterior e velhos demais para liderar a contracultura. O apelido foi popularizado em 1959 por William Manchester, que os considerou "retraídos" e "sem imaginação", mas a imagem nunca foi suficiente para dar conta de uma geração que incluiu Muhammad Ali, Elvis Presley e Ruth Bader Ginsburg.

Mais importante era isto: nascer nos Estados Unidos em 1942 como um homem branco heterossexual era, em geral, como ganhar na loteria cósmica. Por causa das baixas taxas de natalidade durante a Depressão e a guerra, a geração foi excepcionalmente pequena — a primeira na história norte-americana a ser menor que a anterior. Seus integrantes receberam mais atenção e recursos de seus pais, frequentaram turmas menores na escola e tiveram altas taxas de ingresso nas faculdades. O New Deal e a G.I. Bill garantiram a eles benefícios, empréstimos e programas federais de trabalho, que empurraram milhões de norte-americanos brancos para a classe média. O sociólogo Elwood Carlson, avaliando a sorte deles em seu livro *The Lucky Few,* descreveu uma época em que as empresas americanas expandiam sua força de trabalho, criavam planos de aposentadoria e distribuíam ações — uma combinação que produziu "a geração financeiramente mais sortuda do século XX".

As vantagens que eles tiveram moldaram suas ideias sobre governo, dinheiro, raça e oportunidade. Em um ensaio para a *Harper's* um ano após o nascimento de Biden, E.B. White capturou uma variedade particular da arrogância norte-americana no pós-guerra. "A sociedade dos realizadores", escreveu ele, "é uma sociedade muito pomposa, cujos membros aceitam solenemente a responsabilidade pelo próprio destaque e sucesso". Era um grupo homogêneo, quase nove em cada dez eram brancos e nascidos nos Estados Unidos. Eles tendiam, como disse Carlson, a "ver seu sucesso na vida como fruto de realizações pessoais, em vez de pensar em termos do contexto social que tornou seu sucesso possível". Na política, o pensamento seguia a linha "republicanos mais conservadores que em qualquer outra geração no século XX".

Biden se encaixava no perfil em alguns aspectos e escapava dele em outros. Como o mais velho de quatro irmãos, ele tinha dez anos quando seu pai, desempregado, se mudou com a família de Scranton, na Pensilvânia, para Delaware. O pai, conhecido como "Big Joe", limpava caldeiras e vendia carros. Big Joe fora rico quando jovem, mas os negócios desandaram. Os vestígios de seu período de prosperidade eram um taco de polo no armário e uma aguda sensibilidade a sinais de desrespeito. Certa vez, em uma festa de Natal do escritório, o patrão jogou um balde de dólares de prata na pista de dança e ficou observando os vendedores lutando para pegá-los. "Papai ficou paralisado por um segundo", escreveu seu filho em um livro de memórias de 2007 intitulado *Promises to Keep*. Depois "se levantou, pegou a mão da minha mãe e saiu da festa", perdendo o emprego depois.

A mãe de Biden reforçou a atenção constante ao status. "Ela nos dizia desde que éramos crianças: ninguém é melhor do que você", contou a irmã dele, Valerie Biden Owens. "E você não é melhor do que ninguém." Os Biden eram fiéis a uma concepção antiquada de lealdade. "É a cola que mantém a sociedade unida", comentou Biden. "Se não fosse leal, não era uma pessoa digna." Ele gostava de contar uma história sobre o pai sendo enganado por um parceiro de negócios. Quando os promotores pediram que ele testemunhasse, Big Joe disse: "Não posso. Eu sou padrinho da filha dele."

Ao refletir sobre sua infância, Biden se detém mais na experiência de ter gagueira. "Eu falava como código Morse. Ponto-ponto-ponto-ponto-traço-traço-traço-traço", escreveu ele. "Era como ficar parado no canto com o chapéu de burro. As outras crianças olhavam para mim como se eu fosse estúpido. Elas riam. Ainda hoje consigo me lembrar do pavor, da vergonha, da raiva absoluta, tão bem quanto no momento em que estava acontecendo." Ler latim era um inferno. "Eu estava na escola havia apenas três semanas e fui apelidado de Joe *Impedimenta,* porque era travado. Eu não conseguia falar."

Quando ele conta, a história de como superou seus "impedimentos" foi baseada principalmente em vontade e perseverança. Na prática, superar a gagueira exigiu navegar pelo mundo tomando atalhos. "Você aprende a antecipar aquilo com que acha que será confrontado", explicou, dando um exemplo: "Sei que a pessoa vai me perguntar sobre o jogo dos Phillies ou dos Yankees. Então, por que não cauterizar isso de saída perguntando: 'Que tal os Yankees?' Porque você pode praticar enquanto caminha...", e reduz a voz a um sussurro: "Que tal os Yankees, Que tal os Yankees." Ele começou a recitar passagens — Yeats, Emerson, a Declaração de Independência —, e no segundo ano do ensino médio a gagueira estava desaparecendo.

Ele nunca se livrou totalmente da insegurança. Ao longo dos anos, eu o ouvi retornar continuamente às questões do respeito e da vulnerabilidade. Ele ainda se lembra dos nomes dos alunos do ensino fundamental que o humilharam. E, no cargo, os assessores aprenderam rapidamente que ele temia constrangimentos. Um ex-conselheiro se lembrou de tê-lo preparado para pedir um favor a um líder europeu, e quando o líder disse não, Biden congelou. "Ele desliga o telefone e fala: 'Nunca mais me coloque numa dessas. Tudo bem se não conseguirmos avançar, ainda farei a ligação, mas você precisa me dizer.'"

Mas usando força de vontade ele também dominou a capacidade de fazer um discurso estimulante. De modo importante, e um pouco perigoso, aprendeu que manter a atenção de sua plateia muitas vezes exigia sair do script. "Se eu sentia que a estava perdendo, improvisava, contava uma piada, me concentrava em uma única pessoa que não estava prestando atenção e a conquistava", escreveu. "Eu me apaixonei pela ideia de ser capaz de influenciar um júri — e ver isso acontecer bem diante dos meus olhos."

Ao contrário dos grandes oradores de Washington que o inspiraram ou rodearam — John F. Kennedy, Daniel Patrick Moynihan, Bill Clinton, Obama —, a oratória de Biden não era um dom, e sim fruto do trabalho. Steve Solarz, falecido deputado por Nova York, uma vez visitou o Senado à noite e encontrou o plenário quase vazio. "Havia uma pessoa ali, discursando como se fosse o Coliseu Romano: Joe Biden", disse ele a um assessor. "Esse cara estava apenas praticando, como um tenista profissional."

Biden foi um aluno medíocre, mas popular, da Archmere Academy, uma escola particular em Delaware. Para pagar as mensalidades, ele trabalhou em uma equipe de jardinagem. Venceu uma disputa para presidente da classe do penúltimo ano, e novamente no ano seguinte. Em suas memórias, recorreu à terceira pessoa para confessar: "Joe Biden não ia à biblioteca em muitas noites de sábado." Isso gerou uma insegurança intelectual que persiste e o leva a se apegar um tanto vigorosamente demais a estatísticas ou a mergulhar de cabeça nos clássicos. (Foxman disse que após o momento Shylock "Joe e eu concordamos que talvez ele precise ler mais Shakespeare".)

Ele entrou para a Universidade de Delaware, onde jogou futebol e trabalhou um verão como salva-vidas em uma piscina pública, onde conheceu jovens negros que viviam em um conjunto habitacional próximo. Brett Gadsden, um historiador da Northwestern University que cresceu perto de Wilmington e escreveu sobre a política racial local, descreve a cidade como estando entre o Norte e o Sul — mais perto de Nova York que de Raleigh, mas ainda tão segregada que diplomatas africanos passando de carro a caminho de Washington às vezes não eram servidos nas paradas da estrada. "Provavelmente há uma lição metafórica no fato de que Biden vem de um lugar que tem essa reputação mítica de estado intermediário", contou Gadsden. "É símbolo de uma espécie de centro imaginado."

Biden teve pequena participação nos protestos contra a segregação racial, incluindo sair de uma lanchonete em Wilmington que se recusou a servir um colega negro em 1961 e fazer piquetes no cinema segregado Rialto no ano seguinte. Posteriormente, às vezes exagerava seu papel ("marchei"), mas em 2013, durante uma cerimônia comemorando a marcha em Selma, Biden expressou remorso por não ter feito mais. "Eu me envolvi de forma discreta no meu estado, que ainda combatia os últimos vestígios do sistema segregacionista Jim Crow", disse Biden ao público, "mas me arrependo e, embora não faça parte do que deveria dizer, peço desculpas. Levei 48 anos para chegar aqui. Eu deveria ter estado aqui".

Em seu terceiro ano de faculdade, ele visitou as Bahamas nas férias de primavera, onde conheceu Neilia Hunter, uma estudante de inglês, filha de donos de lanchonetes no interior do estado de Nova York. "Eu caí de paixão como um pato", ele conta na prosa solene de suas memórias. Ele e Neilia se casaram em 1966. Ele frequentou por pouco tempo a faculdade de direito da Universidade de Syracuse, onde foi, em suas palavras, "uma combinação perigosa de arrogante e desleixado". Foi obrigado a repetir um curso por ter sido flagrado plagiando cinco páginas de um artigo jurídico sem apresentar notas de rodapé, mas disse aos administradores que era ignorância, e não maldade. ("Eu não tinha assistido a aulas suficientes para saber como fazer citações.")

Ele se formou em 78.º lugar em uma classe de 85 alunos e se mudou para os subúrbios de Wilmington, onde se tornou defensor público. Em 1972, após uma curta passagem pelo Conselho do Condado de New Castle, audaciosamente se candidatou ao Senado dos Estados Unidos. Era o azarão, trinta pontos nas pesquisas atrás de J. Caleb Boggs, de 62 anos, um veterano da Segunda Guerra Mundial que ocupava cargos estaduais havia 25 anos. Biden, aos 29 anos, era tão jovem que no dia da votação ainda seria constitucionalmente inelegível para ocupar seu lugar. Em certos eventos de campanha, as pessoas o confundiam com o filho do Biden da cédula, e os repórteres brincavam que ele não era sequer tão velho quanto os sapatos de seu adversário. Biden decidiu transformar o problema da idade em um ativo político.

Ele brincou com sua juventude, fazendo campanha com sua família fotogênica — esposa Neilia, os pequenos Beau e Hunter e a bebê Naomi — e publicando anúncios com o slogan "Ele entende o que está acontecendo hoje". O *Wilmington Evening Journal* observou que os eleitores de sua idade "aceitavam aquela expressão de 'um novo herói' quando Biden falava duramente sobre como a velha guarda estragou as coisas". A família cruzou o estado, conquistando eleitores que se opunham à guerra no Vietnã ou não se interessavam por política. Biden também desenvolveu um instinto para reconhecer o limite máximo das críticas que podia fazer sem abalar a mística de sua campanha de insurgência. Quando Boggs lutou para se lembrar de um fato durante um debate, Biden resistiu à ânsia de atacar, sentindo, como disse mais tarde, que "ninguém na plateia queria ver Boggs envergonhado — seria como bater no tio favorito da família". Quando Boggs reconheceu a ameaça, era tarde demais para evitar uma das maiores surpresas da história do Senado. Biden venceu por apenas três mil votos.

Nas semanas anteriores à posse, Biden trabalhou em um escritório emprestado em Washington. Sua irmã, Val, o ajudou a se organizar. Na tarde de 18 de dezembro, a vida de Biden desmoronou. Seu irmão Jimmy ligou e pediu para falar com Val. Ela ficou pálida. "Houve um pequeno acidente", disse ela. Biden notou algo em sua voz, sentiu em seu peito. "Ela está morta, não está?", perguntou.

Neilia estava ao volante de sua perua Chevy branca, indo com as crianças pegar uma árvore de Natal, quando um caminhão carregado de espigas de milho os atingiu de lado, cobrindo a estrada com os folhetos de campanha. Neilia e Naomi, a bebê, morreram. Hunter, de dois anos, sofreu um ferimento na cabeça. Beau, de três, ficou semanas hospitalizado com ossos quebrados.

Biden, que até então havia levado uma vida de sorte quase absurda, pensou em suicídio. Em *What It Takes*, o estudo clássico das mentes dos políticos, Richard Ben Cramer escreveu sobre a dor de Biden pelo acidente: "Tudo, todos eles — tudo o que tinham feito — *não importava*. Estava acabado." A imprensa queria uma história simples de um viúvo estoico, escreveu Cramer, mas "Joe estava tão farto de tudo que queria vomitar".

Ele havia sido criado para acreditar em um Deus benevolente. "Bem, eu não queria ouvir nada sobre um Deus misericordioso. Nenhuma palavra, nenhuma oração, nenhum sermão me davam alívio. Eu achava que Deus havia me pregado uma peça horrível, e sentia raiva", escreveu mais tarde. Ele não conseguia se imaginar assumindo uma cadeira no Senado, mas os veteranos do partido, como Mike Mansfield, insistiram para que ele experimentasse viver em Washington por seis meses. Biden assumiu o posto, em parte por se preocupar com o que aconteceria com seus filhos se o pai nunca se recuperasse. Ele fez o juramento de posse junto ao leito do hospital onde Beau permanecia engessado.

"Eles perderam a mãe e a irmã, então não podiam perder o pai, e era isso que o fazia se levantar da cama pela manhã", contou Val. Ela se mudou e morou com o irmão e os meninos por quatro anos. Ele nunca se mudou de Wilmington. Como pai solteiro, começou a fazer a viagem de 90 minutos em cada sentido em um trem Amtrak, um ritual diário que o deixava fora do mundo social de Washington e se tornaria uma característica de sua vida. "Seis meses após o acidente, ele entrava no escritório e estava tão mal quanto no dia do acidente", disse Ted Kaufman, um de seus assessores mais próximos. "Às vezes, ele usava um dos anéis de Neilia no dedo mínimo. Se ele entrasse no escritório com aquele anel no dedo, então, cara, você sabia que ele estava mesmo sofrendo."

Com o passar dos anos, Biden desenvolveu táticas para lidar com aquilo, um conjunto de estratégias para domar sua mente, semelhantes às manobras que desenvolvera para superar a gagueira. Mantinha uma caneta e um bloco ao lado da cama e avaliava cada dia dando notas de um a dez, para monitorar seu progresso.

Adotou a crença paterna de que o destino no final dá a cada pessoa, ou a cada família, uma dose equilibrada de sorte. "Quanto maiores os cumes, mais profundos os vales", dizia seu pai.

Mais tarde, ele adotou uma crença que dera forças a Joseph P. Kennedy Senior, o patriarca de Boston que enterrou quatro de seus filhos. Em carta a um amigo, Kennedy escreveu: "Quando um de seus entes queridos sai de sua vida, você pensa no que ele poderia ter feito com mais alguns anos. [...] E você se pergunta o que fará com o resto da sua vida. Então, um dia, por ainda estar vivendo, você se descobre parte do mundo, tentando realizar algo — algo que seu ente não teve tempo suficiente para fazer. E talvez seja essa a razão de tudo."

Capítulo 3

"CRESÇA"

QUANDO CHEGOU AO SENADO EM 1973, BIDEN SE CONcentrou em permanecer lá. Um perfil do calouro na revista *Washingtonian* observou: "O senador Biden não acredita que questões objetivas façam muita diferença em uma eleição — personalidade e apresentação são o segredo." Ele ingressou no Congresso poucos meses depois de Richard Nixon ter sido reeleito com uma vitória esmagadora, apesar da crescente investigação do escândalo Watergate.

Biden se preocupou em não se tornar conhecido como liberal. Nacionalmente, a polarização partidária vivia uma baixa histórica e os eleitores muitas vezes se dividiam entre candidatos de vários grupos. Em 1974, em função de seu apoio aos direitos civis e sua oposição à guerra no Vietnã, Biden recebeu uma nota alta do Americans for Democratic

Action, uma organização progressista sem fins lucrativos, e reclamou. "Essas classificações da ADA nos causam tantos problemas que muitos de nós ficamos pensando em votar de maneiras conservadoras", disse a um repórter. "Quando se trata de direitos e liberdades civis, sou um liberal, mas é só. Sou muito conservador na maioria das outras questões. Minha esposa dizia que eu era o homem mais socialmente conservador que ela já conhecera."

Em uma reunião comunitária naquele verão, moradores brancos dos subúrbios atormentaram Biden por sua disposição em apoiar o programa que levava alunos de regiões ricas para escolas mais distantes de modo a reduzir a segregação, medida determinada pela justiça. Ele se tornou a voz deles — o principal opositor à medida no Partido Democrata. Gadsden, de Northwestern, estava entre os alunos da área de Wilmington levados de ônibus para uma escola predominantemente negra apesar da oposição de Biden. "Pessoalmente, acho que meus colegas e eu nos beneficiamos muito com a oportunidade", disse ele. "Em um sentido estritamente político, é compreensível que Biden tenha se oposto ao programa no início dos anos 1970. Historicamente, porém, ele escolheu ignorar um longo histórico de violações aos direitos constitucionais das crianças negras." Isso o colocava “no grupo liberal que deixou os direitos civis de lado, remontando à reação ao projeto escolar até as políticas dúbias do presidente Clinton”.

Em seus primeiros anos, Biden enfrentou zombarias por causa de sua severidade e seriedade. Quando Henry Kissinger era secretário de Estado, confundiu o jovem senador com um funcionário. Quando alertado, Kissinger foi apenas indiferente: “Peço desculpas, senador Bidd-en”, disse Kissinger, mutilando o nome de Biden. (Biden respondeu, com evidente ressentimento: “Sem problemas, secretário Dulles.”) Uma vez no plenário do Senado, Biden fez um discurso apaixonado sobre um assunto que desconhecia — poços de petróleo —, e um adversário o interrompeu: “Senador Biden, o senhor já viu um poço de petróleo?” Um ex-assessor recordou: “Ele levou um chute no traseiro. Então, ele disse: ‘Eu sempre estarei totalmente preparado.’”

Ele colocou sua equipe para ajudá-lo a preparar respostas para qualquer pergunta concebível. Procurou estudiosos para obter informações sobre temas que desconhecia. Em maio de 1975, escreveu uma carta a Hannah Arendt, a teórica política que estudou as raízes do autoritarismo:

Cara Srta. Arendt,

Li em um artigo recente de Tom Wicker sobre um estudo que a senhora apresentou no Boston Bicentennial Forum.

Como membro da Comissão de Relações Exteriores do Senado, estou muito interessado em receber uma cópia do seu artigo.

Obrigado.

Atenciosamente,

Joseph R. Biden Jr.
Senador dos Estados Unidos

O artigo ao qual Biden se referiu foi "Home to Roost", uma palestra que Arendt proferiu em 20 de maio de 1975 no Faneuil Hall de Boston, uma de suas últimas aparições públicas antes de sua morte em dezembro. Em seu artigo, ela advertiu, com presciência, que as doutrinas em ascensão no mundo comercial — os logros aparentemente inocentes da Madison Avenue, o negócio de louvação e relações públicas — estavam dando aos políticos norte-americanos mais poder de enganação. Ela observou que mentir era tão antigo quanto a política, mas mentir "como modo de vida" era mais comum "em países sob regimes totalitários". Ela escreveu: "Quando os fatos tiverem consequências funestas, vamos tentar pelo menos aceitá-los, em vez de buscar refúgio em utopias — imagens, teorias ou puro delírio. A grandeza desta república foi reconhecer o melhor e o pior no homem, tudo pela liberdade."

À medida que Biden ascendia no Senado, reconstruía sua família. Dois anos e meio após a morte de Neilia, seu irmão arranjou para ele um encontro às cegas com Jill Jacobs, uma estudante do último ano do curso de inglês da Universidade de Delaware. Ela aspirava lecionar nos subúrbios da Filadélfia e ficou intrigada com o homem que, segundo ela mesma, "em nada se parecia com os caras com suíças e calças boca de sino que eu estava acostumada a namorar". Ela trabalhava em meio expediente como modelo, e Biden a reconheceu de um anúncio no aeroporto. Jacobs não queria uma vida na política, mas passou a amar os filhos dele. Na família Biden nada era uma decisão individual. Dois anos e meio após a morte de Neilia, seus filhos perguntavam "Vamos nos casar de novo?". Em 1977, após vários pedidos, ela se casou com ele. Tiveram uma filha, Ashley, que se tornou assistente social.

Nas décadas que se seguiram, Jill Biden preservou ao máximo a sua vida pessoal. Ela se tornou a primeira esposa de vice-presidente a continuar trabalhando em tempo integral, dividindo uma sala pequena e ensinando inglês na Northern Virginia Community College. Quando ela e eu nos sentamos em um café perto da Casa Branca, sua segurança foi discreta e ninguém parecia reconhecê-la. Em 2008, seu marido irritou algumas eleitoras ao descrever a esposa como "linda de morrer". Perguntei o que ela achou daquilo. "Às vezes, fico um pouco desconcertada com as coisas que diz e que são muito pessoais. Mas a questão é que acho que Joe acredita nisso", comentou, rindo em seguida. "Como ficar ofendida quando seu marido pensa isso de você?"

Em 1987, depois de 15 anos no Senado, Biden estava perdendo algumas das primeiras dúvidas. Como presidente do Comitê de Justiça, ele foi elogiado pelos democratas por liderar uma batalha bem-sucedida contra Robert Bork, o candidato conservador de Ronald Reagan à Suprema Corte. Naquele ano, concorreu pela primeira vez à presidência, mas, sob os holofotes, suas velhas inseguranças e deficiências o atormentaram. Em seu discurso básico de campanha, ele citava o político britânico Neil Kinnock falando sobre sua ascensão a partir de origens humildes. Mas na Feira Estadual de Iowa ele não citou Kinnock — um erro inconsciente, disse — e incorporou a biografia à sua, falando de "meus ancestrais que trabalhavam nas minas de carvão do nordeste da Pensilvânia e só voltavam à superfície após doze horas".

Não havia ancestrais mineradores de carvão. Os repórteres encontraram outra citação não atribuída (de Robert Kennedy) e uma fita de Biden com uma multidão em New Hampshire na qual ele exagerava seu histórico acadêmico e se gabava para um espectador que o questionou: "Acho que devo ter um QI muito mais alto do que você!" Biden se vangloriou de ter recebido "uma bolsa acadêmica integral" e "ter ficado na primeira metade da minha classe", nada disso sendo verdade. Ao ser questionado sobre isso, se desculpou, dizendo: "Eu exagero quando estou com raiva, mas nunca saí por aí dizendo às pessoas coisas sobre mim que não são verdadeiras." Em Capitol Hill, as pessoas brincavam: "Os Kennedy citavam os gregos. Biden cita os Kennedy." Ele estava ganhando a fama de um fanfarrão pomposo, e funcionários do Congresso divulgaram a paródia de um currículo com a imagem e as realizações de Biden, incluindo "inventor do poliuretano e do cortador de grama com fio" e "integrante das Rockettes (1968)".

Em menos de quatro meses, no final de setembro, a candidatura de Biden chegou ao fim. Durante anos, ele continuou a eventualmente embelezar a própria biografia. Uma vez disse que havia levado um "tiro" no Iraque. Pressionado, ele se corrigiu. "Eu estava perto de onde um tiro acertou." Examinando o histórico de exageros e plágios, passei a vê-los como os excessos de um homem que desejava destacar toda sua história, mesmo correndo o risco de se envergonhar. Os custos dessa fraqueza têm sido altos, mas ele mal os reconheceu. Quando anunciou que não concorreria mais à presidência em 1987, admitiu seus erros, mas também culpou "o ambiente da disputa presidencial, que torna tão difícil para o povo norte-americano avaliar Joe Biden como um todo e não apenas as declarações erradas que dei". Durante anos, ele atribuiu a derrota a pesquisas da oposição e ao excesso de zelo da imprensa. Mas, em 2007, deixou de lado as desculpas sobre sua campanha presidencial fracassada. "O resultado final foi que cometi um erro e isso nasceu da minha arrogância", disse a um repórter. "Eu não merecia ser presidente."

Pouco depois de encerrar sua campanha presidencial, Biden sofreu o aneurisma que o deixou no chão de seu quarto de hotel. No Dia do Trabalho, comemorado em setembro nos Estados Unidos, ele estava de volta ao Congresso. Em sua própria avaliação, isso marca o início da sua ressurreição. Entretanto, deve-se incluir mais um episódio difícil: em 1991, Biden conduziu as audiências para a nomeação de Clarence Thomas para a Suprema Corte. Ele enfureceu partidários liberais ao não permitir os depoimentos de mulheres que poderiam ter sustentado as acusações de assédio sexual feitas por Anita Hill. Embora Biden tenha votado contra ele, Thomas venceu por uma pequena margem — 52 a 48. Biden, que omitiu as audiências de Thomas em suas memórias, disse a Jane Mayer e Jill Abramson, autoras de um livro sobre as audiências, *Strange Justice*, que agiu com "justiça para com Thomas, o que em retrospecto ele não merecia".

Biden trabalhou muito para reerguer sua reputação. Em 1994, ele liderou o esforço para aprovar a Lei da Violência Contra as Mulheres, que aumentou a proteção contra parceiros agressivos e o ajudou a recuperar o apoio de grupos femininos. Biden adorava os antigos acordos de bastidores, as cortesias bipartidárias, quando as pessoas negociavam para chegar a algum nível de acordo. Suas alianças eram tão variadas que ele foi o único senador convidado a falar nos funerais de Strom Thurmond, o ex-segregacionista, John McCain, o republicano do Arizona, e Frank Lautenberg, o senador democrata de Nova Jersey que chamou Biden de "o único judeu católico". "Se você pedisse algo na esfera política, eles diriam: 'Tudo bem.'

E, mesmo se quando chegasse o momento de fazer o que devia ser feito, as circunstâncias tivessem mudado, eles ainda assim o fariam", disse Biden.

Ele lamentava a chegada de parlamentares mais combativos que "não tinham respeito pela instituição do Senado", e continuou: "Com isso, quero dizer que eles queriam fazer dele a Câmara. Jamais esquecerei a primeira vez que ouvi alguém no plenário do Senado [durante os anos Clinton] se referir ao presidente como Bubba." Para ele, os legisladores não estavam apenas abandonando algumas cortesias respeitosas, e sim colocando seus interesses políticos particulares acima do interesse público. "Hoje, a definição de compromisso é muito mutável", comenta Biden, imitando um congressista mercenário. "Eu sei o que lhe disse *antes*, mas *agora*, Deus, agora eu tenho um problema, então não posso mais ficar do seu lado."

No Senado, Biden construiu um histórico que, para os progressistas de hoje, parece mais um indiciamento. Votou a favor da desregulamentação de Wall Street, da Lei de Defesa do Casamento, do Acordo de Livre Comércio da América do Norte, da guerra no

Iraque. Durante as primárias de 2020, a senadora de Massachusetts, Elizabeth Warren, o acusou de ter legislado "a favor das operadoras de cartão de crédito". Uma manchete da *Jacobin*, uma revista socialista, comparou-o a um azarado personagem cinematográfico com um papel recorrente em eventos cruciais do século XX, chamando-o de "o Forrest Gump da virada à direita do Partido Democrata".

Nada em seu registro lhe causou mais problemas do que seu papel na elaboração da legislação sobre o crime de 1994, a mais abrangente do seu tipo na história norte-americana. A lei contribuiu para o crescimento do encarceramento em massa criando uma lei federal de "três violações", encorajando penas de prisão mais longas para reincidentes e destinando bilhões de dólares aos estados para a construção de mais prisões.

Na época, o projeto de lei tinha o apoio de alguns democratas de esquerda, incluindo Bernie Sanders — "Não estou feliz por ter votado a favor de um projeto de lei terrível", diz ele agora — e de líderes políticos negros, incluindo o deputado James E. Clyburn, da Carolina do Sul. Clyburn aprendera por intermédio de experiências difíceis que muitos de seus eleitores negros eram menos entusiasmados que os liberais brancos com a reforma da justiça penal. Em uma reunião na prefeitura em 1994, ele expressou seu ceticismo quanto a uma iniciativa para tornar as sentenças mais rígidas. "Recebi minha cabeça em uma bandeja naquela reunião, e todos ali eram negros", contou Clyburn recentemente. "O crack era um flagelo nas comunidades negras. Eles o queriam longe dali e se tornaram muito duros com as drogas. E é por isso que eu mesmo e outros membros do Congressional Black Caucus votamos a favor daquele projeto de lei contra o crime de 1994." Clyburn, como Biden, continua orgulhoso de o projeto ter incluído a Lei da Violência Contra as Mulheres, uma proibição de armas de assalto e dotação orçamentária para policiamento comunitário e tribunais voltados para o tráfico de drogas. Mas, no outono de 1994, os republicanos assumiram o controle da Câmara, e Clyburn os culpa pelas mudanças instituídas. "Eles mantiveram todos os pontos punitivistas e cortaram as coisas boas." Biden também se desculpou com ressalvas. "Sei que nem sempre acertamos, mas sempre tentei", disse ele ano passado. "Especialistas nos disseram que não havia recuperação para o usuário de crack, que de alguma forma era fundamentalmente diferente. E não é. Mas isso prendeu toda uma geração."

Em *Locking Up Our Own*, um estudo de justiça penal e política racional que ganhou um prêmio Pulitzer, James Forman Jr. descreve o encarceramento em massa como consequência de "uma série de pequenas decisões, tomadas ao longo do tempo, por um grupo distinto de atores". Elas basicamente podiam ser rastreadas até o que Forman chama de "política de responsabilização", uma teoria de disciplina pessoal em consonância com o individualismo da geração silenciosa e dos *baby-boomers* — e que era recorrente nos altos escalões do Partido Democrata. No discurso de posse de Bill Clinton em 1993, ele prometeu "oferecer mais oportunidades a todos e exigir mais responsabilidade de todos".

Era uma linguagem inspirada no manual republicano. No final dos anos 1980, após os democratas terem perdido cinco das seis disputas presidenciais anteriores, Clinton e outros na geração ascendente de democratas abraçaram a retórica da responsabilidade pessoal, que buscava estabelecer distinções mais claras entre aqueles considerados merecedores de benefícios e aqueles que não eram. Ronald Reagan declarou: "Nunca abandonaremos aqueles que, não por sua própria culpa, precisam de nossa ajuda." A expressão "sua própria culpa" apareceu pela primeira vez na retórica presidencial sob os conservadores Calvin Coolidge e Herbert Hoover, mas Reagan a usou com maior frequência do que qualquer presidente anterior. E então Clinton a usou pelo menos duas vezes mais que Reagan, de acordo com uma contagem feita por Michael Sandel, um filósofo político de Harvard. Em 1995, Eric Holder, o primeiro negro procurador dos Estados Unidos no Distrito de Columbia, lançou a Operação Cessar-Fogo, que encorajou a polícia de Washington a parar carros e procurar armas — precursora da política de parar e revistar que ele mais tarde condenou quando procurador-geral no governo Obama. "Não vou ser ingênuo quanto a isso", disse Holder em uma reunião comunitária em 1995. "As pessoas paradas serão em sua maioria jovens negros."

Refletindo sobre as decisões tomadas naqueles anos, Clyburn diz que ele e seus colegas não estavam "tentando colocar pessoas na prisão. Estávamos tentando atender aos desejos de nossas comunidades". Além do projeto de lei de criminalidade, a política de responsabilidade inspirou a reforma dos programas de bem-estar social em 1996, que limitou os benefícios federais para os pobres, e a lei de falências, apoiada por Biden, que tornou mais difícil para os norte-americanos solucionar suas dívidas.

A ênfase em responsabilidade e prestação de contas teve um efeito muito diferente para as pessoas no topo da pirâmide social. Clinton fez campanha com a promessa de controlar o pagamento dos CEOs limitando a possibilidade de uma empresa deduzir a remuneração dos executivos de seus impostos. Mas, em um projeto de lei aprovado no Congresso após a eleição, os assessores de Clinton acrescentaram uma brecha que isentava do limite os pagamentos por "desempenho", como opções de ações e bônus. Como resultado, os salários dos CEOs dispararam, porque as empresas destinaram somas cada vez maiores a "desempenho". Biden lamentou seu voto favorável. "Parecia certo na época, mas o que aconteceu foi que isso induziu uma resposta do mercado, e a resposta foi: 'Ok, vamos comprar de volta nossas próprias ações, aumentar o valor delas e me pagar em ações.'" (Nos anos imediatamente posteriores à crise financeira de 2007-2008, os principais executivos dos vinte maiores bancos norte-americanos receberam quase 800 milhões de dólares em remuneração por desempenho com base em ações.)

Quando pedi a Cornell William Brooks, professor de Harvard e ex-presidente da NAACP, para avaliar o histórico de Biden em Washington, ele me apresentou uma imagem que parecia uma contabilidade mental de altos e baixos. "As pessoas adoram o fato de que ele serviu bem e fielmente ao primeiro presidente afro-americano do país, e odeiam sua liderança no projeto de lei de criminalidade. Elas ficam preocupadas com o posicionamento dele sobre integração em escolas negras, mas avaliam seu conjunto histórico e sua sinceridade", disse Brooks. "As coisas mais inquietantes sobre Joe Biden para a ala progressista da base democrata são exatamente as coisas mais inquietantes sobre o Partido Democrata."

Ele tinha um apetite inesgotável pela política, mesmo para os padrões de Washington. George Mitchell, o senador democrata do Maine que se tornou líder da maioria, ressentia-se de que muitos de seus colegas tinham pouco interesse no trabalho nada glamoroso de conseguir votos nos bastidores. "Normalmente um senador chegava a mim, o líder da maioria, e dizia: 'Bem, este é um problema. Você consegue os votos?' Então, eles saíam para jantar." Biden era diferente. Mitchell se lembra de ter pedido a ele para ajudar a ligar para a casa de todos os senadores democratas, e voltar para ver como ele estava após várias horas de ligações. "Eu estava no número oito e ele ainda continuava no número dois", contou Mitchell. "Eu disse: 'Joe, sei que você quer explicar isso a esses caras, mas precisa ser um pouco mais conciso.'"

Em 2007, Biden concorreu à presidência pela segunda vez. Ele se saiu bem nos debates — perguntado se tinha "disciplina para não falar muito", ele respondeu "sim" e ficou em silêncio. Mas quase não conseguiu levantar recursos, e desistiu cedo. Parecia que sua candidatura seria lembrada por pouco mais do que um elogio desajeitado a Obama, um colega candidato, que Biden descreveu como "articulado, brilhante, limpo e um cara bonito" — e seria criticado por isso. Obama o defendeu, dizendo: "Não tenho absolutamente nenhuma dúvida sobre o que está em seu coração e o compromisso que ele assumiu com relação à igualdade racial neste país."

Na verdade, a candidatura de Biden impressionou Obama, que começou a chamá-lo para pedir conselhos sobre segurança nacional e política externa. Antes de uma audiência do comitê, Biden o ajudou a se preparar para o interrogatório do general David Petraeus, após o qual Obama foi aplaudido por seu desempenho. Obama também passou a admirar a solidez das relações de Biden no exterior. Mitchell se lembra das boas-vindas a chefes de Estado em visita ao Capitólio. "Eu dizia: 'Aqui está o senador Smith, aqui está o senador Jones.' Quando chegava a Joe, o líder olhava e dizia: 'Oi, Joe.'" Biden tinha uma visão ampla dos potenciais parceiros nas relações exteriores, como na política interna. "Você pode deixá-lo no Cazaquistão ou em Bahrein, não importa, ele vai encontrar alguém que conheceu há trinta anos e que agora comanda o lugar", me disse Julianne Smith, sua ex-assessora de segurança nacional. "E não importa quais sejam as faixas políticas: ele conhece os conservadores e os social-democratas, porque, ao longo de mais de 35 anos, todo mundo compareceu ao Comitê de Relações Exteriores do Senado."

Depois que Obama garantiu a indicação, telefonou para Biden para perguntar se ele aceitaria ser cotado para a vice-presidência. Biden recusou, perguntando a seus assessores: alguém por acaso sabe o *nome* do vice-presidente de Lincoln? Mas Jill Biden o incentivou a reconsiderar. "Eu estava com raiva de George Bush por nos colocar naquela guerra. Para mim, era sem sentido", confessou ela, que pressionara o marido a concorrer, porque, nas palavras dela, "você tem de acabar com essa guerra". E então a vice-presidência era outra oportunidade. Além disso, acrescentou: "Joe começou na política por causa dos direitos civis. E para isso evoluir e chegar a aquele momento histórico, com o primeiro homem negro a ser eleito presidente dos Estados Unidos, e com Joe sendo uma parte importante, eu via isso quase como um conto de fadas."

Só havia um problema. "Como seria ser o número dois?", questionou ela. "E apoiar as posições de outra pessoa?" Biden nunca havia trabalhado para ninguém e não tinha certeza se conseguiria. Ele contou a um amigo sobre a conversa com sua esposa. Ele perguntara a ela: "Como vou lidar com isso?" Ao que ela retrucou: "Cresça."

Capítulo 4

VICE

Chapas presidenciais costumam ser casamentos forçados, e Biden e Obama formavam uma dupla particularmente diferente. Pelos padrões dos políticos, Obama projetava absoluta indiferença à adoração que gerava. Biden buscava tocar cada mão, ombro e cabeça. Eles estavam separados por 19 anos e um desfiladeiro no que diz respeito a estilo. Obama era um tecnocrata; Biden, o político instintivo. Obama era o filho mestiço viajante de Havaí, Indonésia, Quênia e Chicago, uma criança dos anos 1970 que experimentara "uma cheiradinha". Biden cresceu com pai e mãe, três irmãos e uma rotina de domingo. "Papai me dava um dólar e eu pedalava até a Farmácia Cutler para comprar meio galão de sorvete Breyers. Eu voltava e todos nós nos sentávamos na sala para assistir *Lassie*, *Jack Benny* e *Ed Sullivan*."

Quando Obama recrutou Biden para a chapa, alguns democratas ficaram perplexos. A presidência de Obama deveria marcar um novo capítulo na história geracional da política norte-americana, o triunfo do que Stacey Abrams, a ativista pelo direito ao voto e ex-candidata ao governo da Geórgia, mais tarde chamou de a "nova maioria norte-americana" — uma coalizão de "pessoas de cor, jovens e brancos, de moderados a progressistas". Biden não conseguira obter 1% nas convenções de Iowa. Mas Obama admirava seu desempenho agressivo nos debates, seu conhecimento de líderes estrangeiros e suas conexões em Washington. Biden também era, como me disse David Axelrod, estrategista-chefe de Obama, "cultural e geograficamente bem situado": ele tornou a imagem de Obama mais atraente para brancos mais velhos da classe trabalhadora do Meio-Oeste, que poderiam não sentir uma conexão natural com um ex-líder comunitário negro.

Axelrod também percebeu que Biden tinha uma força que era incomum na linguagem usual da política. Durante o processo de seleção, ele visitou Biden em sua casa em Delaware e observou seu relacionamento com a família. "Ele estava conversando com Beau e disse: 'Voltarei mais tarde para ver as crianças.' Eu me lembro que ele o beijou e disse: 'Amo você.'" Quando voltou a Washington, Axelrod disse a Obama: "Há algo de especial nesta família." Em Washington, a família é usada como um acessório. Mas aquilo era diferente. "Não é fingimento, é real", continuou Axelrod na conversa com Obama. "Não sei como isso pode servir, mas me parece uma vantagem real."

Eles tinham que se conhecer. Biden se irritava com alguns dos jovens funcionários de Obama, e assessores de Obama se preocupavam com as declarações não planejadas de Biden. O vice-presidente não estava acostumado a *teleprompters*. Por causa de sua gagueira, ler em voz alta era ainda mais incômodo para ele do que improvisar. Às vezes, ele trabalhava com redatores de discursos e depois ignorava o roteiro, o que o deixava vulnerável ao que os membros da equipe de campanha de Obama chamavam de "as bombas de Joe", as coisas que ele diz sem querer dizer ("Pessoal, posso dizer que conheci oito presidentes, três deles intimamente"), e as coisas que ele quer dizer, mas não deve.

Em um ato de campanha no sul da Filadélfia, Ed Rendell, governador da Pensilvânia na época, ficou surpreso ao encontrar trabalhadores instalando um *teleprompter* para Biden. "Eu disse: 'Por que Joe tem um *teleprompter*? Ele nunca usa um.' E eles me disseram: 'Bem, a campanha de Obama quer que ele seja roteirizado, para não cometer nenhum erro.'" Em fevereiro de 2009, depois da posse, Biden disse a uma plateia que havia "30% de chances de errarmos" na economia. Um repórter perguntou ao presidente sobre isso e Obama disse: "Não me lembro exatamente a que Joe estava se referindo. Não surpreende."

Durante um almoço na Casa Branca, Biden levantou o problema das relações públicas, dizendo que uma divergência entre os dois prejudicaria ambos. Obama concordou. Ele prometeu ser cuidadoso com as palavras. "O vice-presidente pediu uma coisa", lembrou Rahm Emanuel, primeiro chefe de gabinete de Obama. "Que ele sempre pudesse comentar tudo, nunca fosse censurado e que fosse o último cara na sala a falar com o presidente. E o presidente cumpriu esse acordo." Da mesma forma, Biden disse: "O acordo que o presidente pediu foi que cada um de nós se comprometesse a, quando algo passasse pelas nossas cabeças, quando algo que o outro fizesse nos incomodasse, nós diríamos."

Em Delaware, um estado com metade da população da cidade de Houston, Biden foi o político mais famoso por mais de quatro décadas. Adesivos para suas campanhas no Senado diziam simplesmente: "JOE". Mas, uma vez na Casa Branca, Biden teve que encontrar um papel objetivo e produtivo. Até recentemente, os vice-presidentes ficavam muito longe do poder. Daniel Webster recusou o cargo em 1848, dizendo: "Não pretendo ser enterrado antes mesmo de estar morto e em meu caixão." Enquanto ocupou o cargo, Coolidge se orgulhava de dormir 11 horas por noite. Mas, nas décadas após a Segunda Guerra Mundial, o poder do vice-presidente cresceu, junto com a velocidade e o alcance das decisões da Casa Branca. Sem uma função precisa, cada titular do cargo escolheu o próprio caminho: Al Gore buscou projetos específicos (o meio ambiente, reinventar o governo) e Dick Cheney cuidou do que um assessor chamou de "setores duros" (defesa, energia).

No início, Biden esperava ser um vice-presidente nos moldes de Lyndon Johnson, que teve um mandato igualmente longo no Congresso e depois serviu a um presidente mais jovem. Mais tarde, depois de ler *The Passage of Power*, o quarto volume da biografia de Johnson por Robert Caro, ele percebeu o quão frustrado Johnson havia ficado: "Sua opinião não era pedida sobre nada, da baía dos Porcos até a crise dos mísseis cubanos. Ele não fazia parte daquilo." No vocabulário político de Joe Biden, nada era mais importante do que "fazer parte". Em vez do modelo Johnson, ele tentou emular Walter Mondale. Como vice de Jimmy Carter, Mondale recusou as atribuições de pequeno porte e transferiu seu escritório do Eisenhower Executive Office Building para a Ala Oeste. "Meu trabalho era ser um conselheiro geral do presidente", me disse Mondale. Ele, como Biden, passara mais de três décadas no Congresso e tentou ser um elo entre o Legislativo e um presidente que carecia dessas conexões. "Obama era verde. Estava no governo federal havia pouco tempo. Ele tem sido muito bem-sucedido, sem dúvidas. Mas não tinha experiência nessas coisas. Joe tinha. Ele ocupou uma lacuna que tinha de ser preenchida."

Quando Biden concordou em ser vice-presidente, sua única exigência foi a garantia de que "faria parte" de todas as reuniões importantes, sem ser impedido de chegar ao presidente, sendo digno de inclusão. Obama concordou, acrescentando: "Quero seu ponto de vista, Joe. Só que em doses de dez minutos, não em doses de sessenta minutos."

O escritório de Biden na Ala Oeste, a 17 passos do Salão Oval, era decorado como um hotel clássico: madeira escura, cortinas pesadas, paredes e carpete em azul-marinho. Havia retratos de John Adams e Thomas Jefferson, os dois primeiros ocupantes da vice-presidência. (Adams reclamou que o posto era "o cargo mais insignificante já inventado pelo homem".) Mas Biden tinha uma visão mais matizada. "Ele é aquilo que o presidente quer que seja", confidenciou-me Biden em entrevista durante o almoço em seu escritório. Ele chegou ao cargo em parte suspeitando que poderia fazer as coisas melhor do que um presidente jovem e inexperiente, mas depois de seis meses se tornou humilde ao ver Obama enfrentando uma crise financeira complexa que oferecia poucos dividendos políticos. "Acredito que a liderança de Barack Obama evitou uma prolongada depressão. A ação mais difícil de tomar como líder, como pai, como político, como padre, seja o que for, é aquela que evita o mal", porque você nunca pode provar que evitou algo pior.

Todas as manhãs, Biden atravessava o corredor e se sentava ao lado do presidente no Salão Oval para receber informes de inteligência e economia. Ele tinha um convite permanente para participar das sessões regulares do presidente com os secretários de Estado e de Defesa. Como senador, Biden criticara o acúmulo de poder por Cheney, mas uma vez na Casa Branca ele se valeu de algumas das inovações de seu antecessor no cargo. Antes deste, os vice-presidentes não compareciam rotineiramente ao Comitê de Diretores, composto pelos principais assessores de segurança nacional do presidente. Cheney quase sempre comparecia. Biden o fez em cerca de um terço das oportunidades.

Obama adquiriu confiança suficiente em Biden para atribuir a ele algumas das tarefas mais sensíveis. Quando a Casa Branca precisou aprovar o plano de estímulo de 787 bilhões de dólares, Emanuel pediu a Biden que ligasse para seis senadores republicanos. Ele conseguiu votos favoráveis de três deles, e o projeto foi aprovado por três votos. Biden orientou Sonia Sotomayor antes de suas audiências no Congresso para confirmar a indicação à Suprema Corte e liderou um esforço para convencer o senador Arlen Specter, um republicano da Pensilvânia, a mudar de partido. Biden também ajudou a angariar votos para a Affordable Care Act, a legislação social mais ambiciosa desde a Grande Sociedade de Lyndon Johnson.

Obama pediu que ele supervisionasse os gastos dos fundos de estímulo econômico, administrando uma vasta gama de interesses locais e estaduais. Biden brincava que era o único membro do governo que não podia ser demitido, e pretendia ser franco nos debates internos da Casa Branca. "Todo presidente diria que a mercadoria mais difícil de encontrar no Salão Oval é a verdade e nada além da verdade, não importa o quanto doa", comentou Bruce Reed, que foi chefe de gabinete de Biden de 2011 a 2013. "Isso nem sempre é apreciado no momento, mas é o papel que todos que cercam um presidente devem desempenhar."

Eles tiveram divergências quanto a algumas políticas. Em 2011, Biden se opôs a um plano administrativo que exigiria que hospitais e outras instituições católicas custeassem anticoncepcionais pela Affordable Care Act, dizendo que isso lhes custaria votos da classe trabalhadora. Alguns dos conselheiros políticos de Obama concluíram que o radar político de Biden estava desatualizado. Mas, por trás das diferenças políticas, Biden e Obama compartilhavam a crença básica em que os norte-americanos ansiavam por unidade na política. Quando ainda era candidato, Obama chamou atenção para o desgaste dos laços sociais. Ele disse a uma plateia em 2008: "Estou falando de um déficit de empatia, a incapacidade de nos reconhecermos uns nos outros, entender que somos guardiões de nosso irmão e de nossa irmã — e, nas palavras do dr. King, nós estamos todos amarrados em uma 'única vestimenta do destino'."

A visão de Biden era menos transcendente, segundo ele mesmo. "Veja, nunca espero que um líder estrangeiro com quem estou lidando, ou um colega senador, um congressista, queira voluntariamente ter sua biografia na segunda edição de *Profiles in Courage*, de John F. Kennedy. Então, você tem que pensar no que é do interesse deles." E ainda assim os interesses políticos de Biden às vezes o empurravam para mais perto dos progressistas. Em maio de 2012, enquanto Obama refletia sobre o apoio ao casamento homossexual, Biden o atropelou, dizendo a um entrevistador que ficava "totalmente confortável" com gays e lésbicas casados tendo plenos direitos legais. Obama o perdoou, mas os conselheiros políticos do presidente ficaram apopléticos. Assessores de Biden ouviram que as atividades públicas dele seriam suspensas na semana. Muita gente de fora considerou aquele momento uma gafe típica de Biden, mas o pessoal da Casa Branca reconheceu um padrão em seus cálculos. "Ele é um cata-vento para o que seria o centro da esquerda", comentou um alto funcionário do governo Obama. "Ele consegue ver: 'Bem, é para aqui que a sociedade está se movendo. É para onde o Partido Democrata está se movendo, então vou junto.'"

Biden se tornou o emissário para um Congresso implacável, graças aos relacionamentos que havia construído ao longo das décadas. David Plouffe, um dos conselheiros políticos de Obama, viu a missão de Biden como uma pergunta: "Qual é o espaço de negociação?" Sua crença no acordo acima de ideologias o aproximou do presidente. "Eles têm a mesma mentalidade lá", disse Plouffe. Biden manteve seu armário na academia de ginástica do Senado, onde gostava de fazer comentários. "Ele simplesmente coleta informações", lembrou um ex-assessor. "Ele liga para um líder, depois para o líder do outro partido, e então para cinco senadores amigos que concordam com ele sobre o que está acontecendo."

Às vezes, porém, os democratas ficavam irritados com a crença de Biden de que devia lidar com os líderes republicanos para chegar a acordos. Nos últimos dias de 2012, os cortes de impostos da era Bush estavam para expirar, o que teria gerado 3,7 trilhões de dólares em receitas na década seguinte. Para tentar manter os cortes de impostos, os republicanos ameaçaram dar calote na dívida dos Estados Unidos pela primeira vez na história. Biden negociou um acordo de última hora com McConnell, o líder da minoria no Senado: eles concordaram em recuperar 600 bilhões de dólares dessa receita, permitindo que alguns cortes de impostos se tornassem permanentes. Harry Reid, o líder da maioria no Senado, ficou tão chocado com os termos que jogou a papelada na lareira. (Reid negou ter feito isso.)

Em uma manhã ensolarada de fim de semana em 2014, cinco anos depois de assumir o cargo de vice-presidente, Biden estava perto dos vestiários do estádio Tubby Raymond Field da Universidade de Delaware, preparando-se para fazer o discurso de formatura. Cada um dos vips vestia uma beca acadêmica e um chapéu de veludo com babados, exceto Biden, que recusou o chapéu. (Regra de Biden n.º 1: Nada de chapéus engraçados. Regra de Biden n.º 2: Não mude de marca.) Um dos organizadores o guiou até uma tira de fita adesiva no chão, marcada com "*vpotus*", e eles saíram sob os aplausos de uma multidão de quatro mil formandos em becas azul-real. Quando o reitor fez a apresentação, empolgou-se e chamou Biden de "o 47.º presidente dos Estados Unidos!". A multidão meio riu, meio engasgou, mas ninguém, nem mesmo

Biden, o corrigiu. Após o discurso, pouco antes de Biden entrar novamente, um jovem colocou as mãos em concha e gritou: "*Stay gangster,* Joe! Eu gosto de você, cara." Biden ergueu os olhos, satisfeito, mas perplexo com uma imagem que não entendeu inteiramente. Acenou e continuou andando.

Com o passar dos anos, Biden tinha ganhado um lugar singular na cultura pop da política norte-americana. Em uma Casa Branca que privilegiava a contenção, Biden oscilava entre o exuberante e o autodestrutivo. Em vez de resmungar das indignidades da vice-presidência, ele se deleitava com o trabalho. Instalado em sua cadeira durante o discurso sobre o Estado da União, olhando para seus ex-colegas congressistas, fez uma pistola com o indicador e o polegar e disparou, piscando e atirando sem ironia evidente. Em 2013, o canal a cabo C-SPAN o gravou se preparando para empossar novos senadores. Ele cumprimentou a família de cada senador com entusiasmo. Para as senhoras, ele dizia: "Você tem olhos lindos, mãe, minha nossa." Para as jovens: "Lembrem-se, nada de caras sérios até os trinta anos!" Para as crianças nos seus melhores trajes de domingo: "Cuidem do seu avô. É seu trabalho mais importante." O pacote completo — os óculos Ray-Ban, o despudorado sentimentalismo, as referências ao personagem Fonz — nunca o tornou querido pelo *establishment*, mas deu a ele um ar de autenticidade raro em sua profissão. Também tinha certo apelo *cult*, de modo que sua imagem passou a ter mais em comum com Betty White do que com John Boehner, o antigo congressista de Ohio que era presidente da Câmara na época. Em maio de 2014, depois que uma adolescente convidou Biden para seu baile de formatura, ele mandou flores e um bilhete manuscrito encorajando-a a "aproveitar seu baile tanto quanto eu aproveitei o meu". No Twitter, as pessoas enlouqueceram de ternura.

Biden tinha um apetite inesgotável pela "conexão" — apertar mãos, colocar a mão em concha na nuca, o contato visual com um cético na multidão. "Ele meio que os traz e os abraça, verbalmente e às vezes fisicamente", contou John Kerry, que na época era secretário de Estado. "Ele é um político muito táctil, e é tudo real. Nada disso é fingido." Em uma recepção após um debate televisionado em 2008, John Marttila, um conselheiro político, achou que ajudaria Biden a sair. "Eu estava me levantando e dizendo: 'Bem, acho que é hora de partir.'" E ele ficava lá. Acho que fomos para a cama às duas horas da manhã, e o toque de despertar foi às cinco ou cinco e meia." Marttila comentou que "o processo de conhecer pessoas o energiza" em um grau raro entre os políticos. Biden fala tão de perto que ocasionalmente bate com a testa em você no meio da conversa, um gesto tão pequeno que só é notável quando você tenta imaginar Barack Obama fazendo a mesma coisa.

Mas Biden sempre se ressentiu do que chamava de "síndrome do tio Joe", a imagem de um bom menino indisciplinado e tonto. O jantar de gala da Associação de Correspondentes da Casa Branca, organizado anualmente pela imprensa, uma vez apresentou um esquete em vídeo baseado em *Veep*, a comédia da HBO estrelada por Julia Louis-Dreyfus como uma vice-presidente desesperadamente ambiciosa. Quando a série estreou em 2012, Biden havia mantido distância. ("Se eu estivesse trabalhando para sua administração, teria dito a ele o mesmo", me contou Louis-Dreyfus.) Mas ele passara a gostar do programa e, para o jantar dos correspondentes, Biden apareceu com Louis-Dreyfus em um esquete em que os dois vices enlouquecem: fazem tatuagens de Nancy Pelosi, invadem os escritórios do *Washington Post* para reescrever as manchetes, incluindo "BIDEN EM

ALTA: ÍNDICES DE APROVAÇÃO DE 200%". As matérias sobre a noite declararam o vídeo um sucesso, mesmo que David Weigel, que na época cobria política para a *Slate*, tenha observado que as piadas às custas de Biden continham uma dica sutil de que "a Casa Branca estava gentil e cuidadosamente aceitando a verdade de que ele não será o candidato do seu partido a presidente" em 2016. Alguns dias depois do jantar dos correspondentes, perguntei a Biden o que ele achara do esquete. Ele respondeu: "Na verdade, acabou sendo meio engraçado", mas acrescentou que havia adaptado o roteiro para evitar tolices indevidas. Disse que uma cena em que ele e Louis-Dreyfus eram flagrados tomando sorvete na cozinha da Casa Branca pedia que ele se encolhesse diante de Michelle Obama. "A primeira-dama entra e eu me encolho? Isso não se encaixa."

Fora da Casa Branca, Biden recebeu avaliações públicas amplamente divergentes. Em uma coluna antes da eleição de 2012, Bill Keller, o ex-editor executivo de *The New York Times*, conclamou Obama a abandonar Biden como companheiro de chapa e substituí-lo pela secretária de Estado na época, Hillary Clinton. (A campanha também estudou a ideia até que as pesquisas mostraram que não faria diferença.) Naquele mês de março, documentos apreendidos na operação que matou Osama bin Laden e liberados para o público incluíam um insulto inesperado: Bin Laden aconselhara assassinos a poupar Biden e visar Obama, dizendo a eles: "Biden é despreparado para esse cargo, o que levará os Estados Unidos a uma crise." No verão daquele ano, uma pesquisa do Pew Research Center e do *The Washington Post* pediu às pessoas que escolhessem uma única palavra para descrever Biden. As respostas mais frequentes, quase iguais em número, foram "bom" e "idiota". Os republicanos adoravam apresentá-lo como o político consumado, descuidado, vazio e antiquado. "O vice-presidente Joe Biden está na cidade", disse o senador Ted Cruz em um jantar para conservadores da Carolina do Sul na época. "Sabe como é bom quando você sequer precisa de uma piada? Basta dizer isso e as pessoas riem."

E, ainda assim, no último mês da campanha de 2012, Biden lembrou a todos porque estava na chapa. Após Obama ter tido um desempenho desastrosamente silencioso em um debate contra Mitt Romney, o vice-presidente se preparou para enfrentar seu homólogo, Paul Ryan, o então congressista de Wisconsin de quarenta anos que tinha olhos de potro. No palco, Biden tinha um sorriso selvagem. Ele gargalhou, provocou e interrompeu. (Quando Ryan disse: "Jack Kennedy reduziu os impostos e gerou crescimento", Biden o interrompeu: "Ah, agora você é Jack Kennedy!") A teatralidade deixou alguns espectadores loucos, mas a campanha empolgou. Biden detivera a queda, e, quando Obama se preparou para seu próximo debate, assessores supostamente lhe disseram para canalizar parte da energia belicosa de Biden. No final de 2012, a Casa Branca estava estendendo a ele o ritual de cortesia de saudar o poder do n.º 2. Uma manchete na *The Atlantic* perguntava: "O vice-presidente mais influente da história?"

Acima de tudo, como muito na vida de Biden, seu relacionamento com Obama foi construído com base na lealdade. Assim que você se torna vice-presidente, segundo Biden, "tem a obrigação de apoiar tudo o que ele fizer, a menos que tenha um problema moral fundamental com o que ele está fazendo". E acrescentou: "Se eu chegasse a esse ponto, anunciaria que tinha câncer de próstata e precisava ir embora."

Em um almoço do Caucus Democrata, depois que o partido perdeu a Câmara dos Deputados, o então congressista Anthony Weiner criticou Obama por fazer um acordo com os republicanos sobre cortes de impostos. Biden explodiu: "De jeito algum vou ficar aqui e falar sobre o presidente desse jeito." Pouco tempo depois, ele teve uma explosão semelhante com o primeiro-ministro israelense Benjamin Netanyahu, que havia encontrado falhas em elementos da política de Obama para o Oriente Médio. Quando o presidente foi criticado, Biden "se encrespou", disse Plouffe. As histórias chegaram a Obama. Ben Rhodes, que era o assessor de segurança nacional adjunto para comunicações estratégicas, afirmou na época: "Ele sabe que o vice-presidente o apoia." Quanto mais era criticado em Washington, mais Obama passou a valorizar sua defesa por Biden. "Acho que as batalhas criaram um grau de confiança que agora está implícito no relacionamento deles."

Ambos eram homens orgulhosos e não esperavam aprender um com o outro, mas com o tempo o efeito de seu relacionamento foi visível para aqueles ao redor. Leon Panetta, que chefiou a CIA e mais tarde o Pentágono no governo Obama, me disse que Obama reconheceu uma lacuna em sua experiência e em suas habilidades. "Ele é, no fundo, um professor de direito, e acho que há uma certa dose de 'Eu tenho mesmo que fazer isso'. E Joe representa aquela sombra que pode dizer ao presidente dos Estados Unidos: 'Sim, você tem que fazer isso.'" Obama começou a dizer a assessores e plateias que escolher Biden como seu vice-presidente foi a melhor decisão política que tomou. "Acho que Biden aprende muitas lições com a disciplina de Obama, e isso às vezes é instrutivo, embora o irrite", disse um ex-assessor de Biden. "E acho que Obama aprende com o calor de Joe. Quando eles estão em uma reunião, os de fora tendem mais para Biden do que Obama. Cada um sente que ele é o mentor", acrescentou o assessor. Quando Biden assumiu o cargo, disse a David Axelrod que ainda pensava que "seria o melhor presidente". Mas, após um ano observando Obama, Biden reconheceu que se enganara: "O cara certo venceu, e fico muito orgulhoso de estar associado a ele."

As dificuldades enfrentadas por presidente e vice-presidente os aproximaram mais do que muitos esperavam — principalmente eles próprios. O conselheiro de Biden, John Marttila, me contou: "Joe e Barack estavam almoçando e Obama disse: 'Você e eu estamos nos tornando bons amigos! Acho isso muito surpreendente.' E Joe retrucou: '*Você* é quem fica surpreso!'"

Eles haviam superado o desconforto inicial com a boca incontrolável de Biden e o fraco de Obama pela superioridade. Mas as tensões não desapareceram por completo e voltariam com força total, com implicações não apenas para as eleições de 2016, mas também para as de 2020.

Capítulo 5

ENVIADO

De todos os trabalhos que couberam a Biden na Casa Branca, nenhum consumiu mais sua energia do que as relações exteriores. Obama tinha pouca experiência no assunto quando assumiu o cargo, e Biden havia sido presidente da Comissão de Relações Exteriores do Senado. Na definição diplomática de Biden, o presidente "me manda para lugares aonde ele não quer ir".

No domingo de Páscoa de 2014, ele embarcou no Força Aérea Dois com destino a Kiev, a capital ucraniana que vivia mergulhada, havia meses, em um confronto caótico com a Rússia. Tudo havia começado no inverno anterior, quando o presidente da Ucrânia, Viktor Yanukovych, se aliou a Moscou, rompendo um acordo com a União Europeia, o que deflagrou protestos em todo o país. Como no caso de muitos líderes estrangeiros, Biden conhecia Yanukovych havia anos e mantinha uma relação de camaradagem. "Ele era sociável", lembrou Biden. "Eu dizia: 'Você parece um capanga! Você é grande pra cacete.'" Com os protestos aumentando, Biden tentou persuadir Yanukovych a entrar em acordo com os manifestantes. Eles falaram por telefone nove vezes, mas não houve sucesso. Em 20 de fevereiro, atiradores de elite do governo abriram fogo contra os manifestantes, matando pelo menos 88 pessoas em 48 horas. O presidente fugiu, deixando que seus governados abrissem sua mansão e encontrassem os frutos de sua cleptocracia: pavões de estimação, uma frota de carros antigos, um restaurante particular em forma de navio pirata. Na sequência, as forças russas invadiram a Crimeia e Vladimir Putin a chamou de solo russo.

Dois meses haviam se passado desde a fuga de Yanukovych, e a missão de Biden naquela viagem era breve e específica: a chegada do segundo funcionário do mais alto escalão dos Estados Unidos tinha o objetivo de tranquilizar o frágil governo da Ucrânia e impedir Putin de se aprofundar no território ucraniano. Comparado com o comandante em chefe, o vice-presidente voa com bastante menos esplendor. O Boeing 757 modificado era bem antigo. Um descanso de braço se soltou nas mãos de um passageiro. O vice-presidente tinha uma cabine privativa com uma cama dobrável, uma escrivaninha e uma poltrona, mas, se um segundo visitante chegasse, um refrigerador de plástico servia de assento. "Se você quer mordomia, é muito melhor escolher outro tipo de trabalho", comentou Biden.

O Força Aérea Dois pousou em Kiev, uma cidade com avenidas graciosas, castanheiras e tantas igrejas com cúpulas que os bolcheviques a consideraram inadequada para uma capital comunista. A luta na cidade havia acabado, mas o acampamento em Maidan, a praça principal da cidade, que havia sido o centro dos protestos, ainda parecia um cenário de *Os miseráveis*: altas barricadas irregulares de metal, madeira e pneus marcavam as linhas de batalha. Faíscas se erguiam de fogueiras. Em um dos poucos sinais de recuperação, os paralelepípedos que haviam sido arrancados e arremessados contra a polícia estavam empilhados e prontos para ser recolocados.

No parlamento, um edifício da era Stalin com uma entrada com colunatas, Biden foi apresentado a um grupo de políticos que disputavam a liderança do novo governo. Depois de tantos anos, ele tinha um arsenal de frases iniciais que podia empregar em Bagdá, Pequim ou Wilmington. Uma de suas preferidas: "Se eu tivesse cabelos como os seus, seria presidente." Ele adapta sua rotina às circunstâncias. Em Kiev, abordou Vitali Klitschko, um ex-campeão de boxe peso-pesado de quase dois metros de altura, conhecido como dr. Ironfist antes de entrar na política. Biden olhou para cima e apertou o bíceps direito de Klitschko. Seguindo em frente, conheceu Petro Poroshenko, candidato à presidência e bilionário que fez fortuna no negócio de doces. Biden, que já estava considerando uma candidatura à presidência em 2016, disse ao grupo: "Já fui candidato à presidência duas vezes, e espero que você se saia melhor do que eu." (No mês seguinte, Poroshenko ganhou a presidência.)

Biden se sentou à cabeceira da mesa. O vice-presidente tinha apenas um pequeno pacote de ajuda a anunciar a seus anfitriões em Kiev: 58 milhões de dólares em ajuda eleitoral, experiência em energia e equipamentos de segurança não letais, incluindo rádios para a patrulha de fronteira. Mais importante, ele queria transmitir aos novos líderes em Kiev a mensagem de que recuperar a legitimidade exigiria mudanças além de apenas resistir à interferência russa. Em um índice de corrupção produzido pela Transparência Internacional, a Ucrânia ficou em 144.º lugar, empatada com a República Centro-Africana, entre 177 países. Biden disse àqueles que estavam com ele: "Sendo muito franco, e isso é uma coisa delicada de se dizer a um grupo de líderes em seu parlamento, vocês têm que lutar contra o câncer que é a corrupção. Ele é endêmico em seu sistema agora mesmo." Nesses ambientes, Biden prefere a franqueza. Em 1979, em uma de suas primeiras viagens à União Soviética, ele ouviu um argumento de seu homólogo soviético e respondeu: "De onde eu venho, há um ditado: você não consegue sacanear um sacana." Bill Bradley, outro senador que integrava a delegação, perguntou mais tarde ao intérprete norte-americano como ele havia traduzido o comentário de Biden para o russo. "Não literalmente", disse o intérprete.

Em sua abordagem das relações exteriores, Biden às vezes irrita diplomatas de carreira. "Eles me dão uma declaração e respondo: 'Não vou falar isso! Não é crível!' Você precisa começar com a suposição de que o outro sujeito não é um idiota. E a maioria das pessoas não é idiota no que diz respeito ao seu interesse pessoal." Ele se orgulhava por conseguir ler as pessoas. "É muito importante transmitir ao outro que você entende o problema dele. E o que algumas dessas besteiras diplomáticas transmite é 'Não fazemos ideia de qual é o seu problema'."

Leon Panetta se lembrou de ouvi-lo falar ao telefone na Casa Branca: "Você não sabia se ele estava falando com um líder mundial ou com o chefe do partido em Delaware." Em viagens ao exterior, Biden procurava oportunidades de projetar uma face realista do poder norte-americano. Em 2011, quando eu morava na China, ele se preparou para uma visita oficial a Pequim. Na época, o Partido Comunista estava sendo exposto a uma série de exemplos embaraçosos de privilégios oficiais. Em um caso que chamou atenção, um ônibus transportando um prefeito da província de Hebei ultrapassou um sinal vermelho e atingiu um estudante de 14 anos. O estudante ficou incapacitado. O prefeito nunca visitou o hospital, o que os críticos interpretaram como um sinal de isolamento arrogante. Mesmo antes de Biden chegar à China, jovens comentaristas chineses liberais nas redes sociais o usavam como exemplo oposto. Elogiando-o por sua capacidade de rir de si mesmo, eles remetiam a um vídeo do jantar da Associação de Correspondentes da Casa Branca no qual Joe Wong, um comediante sino-americano, dizia ao grupo que havia lido as memórias de Biden e depois o conhecido em pessoa. "Acho que o livro é muito melhor", observou Wong, impassível, e a câmera cortou para Biden, ali perto, de gravata preta, morrendo de tanto rir.

Em Pequim, Biden foi direto ao ponto. Durante uma pausa nas reuniões oficiais para o almoço, ele se aventurou a sair dos ambientes estéreis que normalmente isolam os convidados oficiais e se dirigiu a uma cantina da classe trabalhadora chamada Fígado Cozido Yao Ji. Segundo um crítico local, o restaurante é especializado em uma sopa "escura e espessa, cheia de pedaços de fígado ásperos e círculos de intestinos moles, mas resistentes". Biden e sua comitiva espremeram-se entre os clientes, e o proprietário saiu para apertar sua mão. Biden se desculpou com os comensais assustados: "Vocês vieram para um almoço tranquilo e eu apareço." Os comentaristas liberais chineses adoraram a cena e, durante anos depois, o restaurante manteve no cardápio um "especial Biden".

Os outros países passaram a esperar dele uma franqueza impertinente. Quando ele se preparava para uma visita a Tóquio em 2013, o *The Asahi Shimbun*, um jornal japonês, preparou seus leitores. "Ele pode estar se divertindo bastante, mas muitos ao redor dele temem que se empolgue e diga algo ultrajante", explicou um editorial. "Biden é conhecido por ter cometido deslizes ao falar, mas aparentemente isso também é o que o torna afável e interessante."

O Biden completo jogou melhor no Mediterrâneo e na América Latina do que, digamos, na Inglaterra e na Alemanha. Um ex-funcionário britânico que participou de reuniões na Casa Branca com ele disse: "Ele é um pouco como uma torneira que você consegue abrir e não consegue fechar. Apesar de todo o charme genuíno, é frustrante sentir como se ele não deixasse oxigênio suficiente na sala para transmitir seus pontos de vista, especialmente para aqueles que são educados e não o interrompem." Ele aprendeu a deixar espaço extra na programação para aquilo que os colegas chamavam de "hora Biden". Em Israel, a abordagem de Biden foi mais bem-sucedida. Em uma visita em 2011, ele citou o pai, dizendo "Não faz sentido morrer em uma pequena cruz" — para conclamar Benjamin Netanyahu a dar um passo maior em direção à paz no Oriente Médio. Ron Dermer, na época embaixador israelense nos Estados Unidos, disse: "Estamos em Jerusalém, temos um vice-presidente católico, temos um primeiro-ministro judeu e ele está lhe dizendo: 'Não faz sentido morrer em uma pequena cruz.' O primeiro-ministro começou a rir e, devo dizer, é um resumo mais sucinto da realidade política israelense que qualquer outra declaração que já ouvi."

Desde que entrou para o governo, Biden foi uma voz estridente cética quanto ao uso da força norte-americana. Às vezes, isso o colocava no lado oposto de outras pessoas no governo, incluindo Hillary Clinton e Panetta, o primeiro diretor da CIA no governo Obama. Biden se opôs à intervenção na Líbia, argumentando que a queda de Muammar Kadafi resultaria em caos, e alertara o presidente contra o ataque que matou Osama bin Laden. Se aquele ataque falhasse, segundo Biden mais tarde, Obama "teria sido um presidente de um único mandato". Embora Obama acatasse os conselhos de Biden apenas algumas vezes, os dois seguiram uma política externa limitada a "evitar erros", no dizer de Obama. Solicitado a formular uma "doutrina Obama", o presidente disse: "Você acerta uma tacada simples, acerta duplas, e de vez em quando conseguimos fazer um *home run*."

Biden, em contraste com seu antecessor, Dick Cheney, deixou sua marca nas relações exteriores ao reforçar a tendência do presidente à moderação, em vez de contorná-la. No verão de 2014, conversei com Obama sobre o papel de Biden no governo. Perguntei se ele havia influenciado seu pensamento. "No caso da política externa, acho que a maior influência de Joe foi no debate sobre o Afeganistão", respondeu Obama. Em 2009, Obama havia iniciado uma revisão estratégica da política norte-americana e seu gabinete de guerra se reuniu repetidamente para discutir o melhor caminho. Os líderes militares, incluindo o principal comandante no Afeganistão, o general Stanley McChrystal, defendiam uma grande estratégia de contrainsurgência envolvendo quarenta mil soldados adicionais e força civil. Obama acreditava que alguns dos presentes estavam em busca de um resultado específico. "Lá estava Bob Gates, que provou ser um excelente secretário de Defesa, mas que buscava a continuação da estratégia do governo anterior no que diz respeito à política para o Afeganistão. Em meio a esse debate, Joe e eu tínhamos longas conversas pessoais, tentando descobrir quais eram os nossos interesses reais no Afeganistão, o que podíamos conseguir lá. Acho que em algumas das narrativas públicas isso acabou sendo apresentado como Joe sendo a pomba e outros sendo os falcões. E isso, acho, é muito simplista. Na verdade, o que Joe me ajudou a fazer foi perguntar consistentemente por que estávamos lá. E quais recursos, exatamente, poderíamos usar para atingir objetivos específicos, em vez de mergulharmos em debates ideológicos mais amplos que muitas vezes acabam levando a um exagero ou a uma falta de precisão em nossa missão." Obama disse que ele e Biden discutiram as perguntas a serem feitas aos militares e às agências de inteligência. "Houve momentos em que Joe fazia perguntas em meu benefício para me dar espaço para tomar decisões, para ajudar a estimular um debate vigoroso. E isso foi inestimável para moldar nossa estratégia inicial para reduzir o ímpeto do Talibã, mas também para definir um prazo de permanência lá. E, sabe, até hoje acho que ainda há uma controvérsia sobre a imposição de um cronograma para encerrar nossa presença no Afeganistão. Acredito que foi decididamente a coisa certa a fazer." (Obama acabou ordenando uma estratégia civil-militar envolvendo trinta mil soldados adicionais, e o envolvimento dos Estados Unidos no Afeganistão continuou.)

Alguns altos comandantes do Pentágono culparam Biden por alimentar a desconfiança entre a Casa Branca e os militares. No livro de memórias de Gates, *Duty*, ele dirigiu suas críticas mais duras a Biden. Ele o chamou de "impossível não gostar", mas "errado em quase todas as principais questões de política externa e segurança nacional nas últimas quatro décadas". Em uma entrevista à National Public Radio sobre o livro, Gates disse que Biden votou contra a ajuda ao Vietnã do Sul e aplaudiu a queda do xá no Irã. "Ele se opôs a praticamente todos os elementos da elaboração da Defesa do presidente Reagan. Votou contra o B-1, o B-2, o MX e assim por diante. Votou contra a primeira Guerra do Golfo. Portanto, em várias dessas questões importantes, durante um longo período de tempo, achei que ele estava errado."

O conflito entre Gates e Biden tinha uma longa história. Em 1991, quando Gates foi nomeado diretor da CIA, Biden votou contra ele com o argumento de que, apesar de ser um especialista da CIA em Kremlin, Gates não previu a queda da União Soviética. Décadas depois, quando Gates foi confirmado como secretário de Defesa, Biden não votou. Ao se referir aos erros de Biden ao longo de "quatro décadas", Gates ecoou um mote conservador produzido para a campanha presidencial de 2008, quando os republicanos procuraram se opor às críticas à inexperiência de Sarah Palin em relações exteriores. (Não há evidências de que Biden tenha aprovado a queda do xá.)

Em uma de nossas entrevistas, Biden mencionou o livro de Gates: "Ele fica chateado porque questionei os militares. Bem, acredito agora, e acreditava na época, que Washington e Jefferson estavam certos: a guerra é importante demais para ser deixada a cargo dos generais. Não cabe a eles decidir! Cabe a eles executar. Então, acho que você tem um presidente que é leal e apoia os militares, mas entende que é o comandante em chefe." Em dado momento eu comecei a falar, e Biden me interrompeu: "Mal posso esperar, seja em uma campanha presidencial ou quando estiver fora daqui, para debater com Bob Gates. Ah, Jesus."

Perguntei o que ele achou das críticas específicas de Gates. Ele o chamou de "um cara decente" e depois atacou: "Bob Gates é um republicano, com uma visão de política externa que é, em muitos aspectos fundamentais, diferente da minha. Ele está errado sobre tudo! O conselho que deu ao presidente Reagan sobre como lidar com [o líder soviético Mikhail] Gorbachev estava errado! Que ele não era sincero. Graças a Deus, o presidente não o ouviu. Ele estava errado sobre os Bálcãs. E estava errado sobre o bombardeio [pela Otan]. Pelo amor de Deus, ele estava errado sobre a Guerra do Vietnã. Você repassa tudo nos últimos quarenta anos, e não há nada em que eu pense, das grandes decisões fundamentais relativas à política externa, em que eu ache que ele estava certo!"

O tom da divergência entre Biden e Gates surpreendeu alguns que os conhecem. Quando perguntei a Richard Haass, presidente do Conselho de Relações Exteriores, sobre a avaliação de Gates sobre Biden, Haass disse: "Bob Gates é um amigo próximo. Trabalhamos juntos no governo várias vezes, mas essa é uma das áreas em que discordo dele. Ninguém acerta tudo, mas também não conheço ninguém que não acerte nada. Joe teve sucessos e erros, assim como todos nós." Panetta, que trabalhou ao lado de ambos, disse que os dois entraram em confronto durante os debates que Obama promovia para destacar divergências. Com o tempo, disse Panetta, Gates acabou isolado pelas críticas de Biden às suas crenças e isso "meio que o consumiu".

No Força Aérea Dois para a viagem de volta para casa, Biden afrouxou a gravata e pediu uma xícara de café. Antes de partir de Kiev, ele improvisou e questionou a promessa da Rússia de reduzir as tensões: "Parem de falar e comecem a agir." Em Nova York, o senador John McCain ouviu isso e perguntou "Ou então o quê?" — uma crítica ao governo Obama por não agir com mais vigor contra a Rússia.

Autoridades ucranianas apelaram aos Estados Unidos por apoio militar, mas Biden os avisou de que ele seria mínimo, caso acontecesse. "Não pensamos mais em termos da Guerra Fria, por vários motivos. Ninguém se equipara a nós. Ninguém está nem perto. Além de ser louco o suficiente para apertar um botão, não há nada que Putin possa fazer militarmente para afetar nossos interesses." Os ucranianos não gostaram. Um alto funcionário do governo norte-americano confessou: "O que li em seus rostos foi 'Santo Deus'."

Biden estava determinado a não envolver os Estados Unidos em um conflito regional, pois não tinha ilusões sobre as intenções de Putin. Ainda estava alarmado, mais de uma década depois, com interpretação equivocada de George W. Bush em 2001 de que Putin era "muito direto e confiável". Bush comentou que "foi capaz de sentir sua alma. [Era] um homem profundamente comprometido com seu país e com os melhores interesses de seu país." Biden se lembra de uma visita a Putin no Kremlin em 2011: "Eu tinha um intérprete e, enquanto ele me mostrava seu escritório, disse: 'É incrível o que o capitalismo faz, não é? Um escritório magnífico!' E ele riu. Quando me virei, estava perto dele." Biden colocou a mão a alguns centímetros do próprio nariz para demostrar a distância. "Falei: 'Senhor primeiro-ministro, estou olhando nos seus olhos e não acho que você *tem* uma alma.'

"Você disse isso?", perguntei. Parecia frase de filme.

"Disse mesmo, positivo", e continuou: "Ele olhou para mim, sorriu e disse: 'Nós nos entendemos.'" Biden se recostou, exclamando: "Este cara é assim!"

Naquele verão, pedi para acompanhar Biden em algumas reuniões. Certa tarde, ele cruzou a faixa de asfalto entre a Ala Oeste e o Eisenhower Executive Office Building, onde fica o que é conhecido como seu escritório cerimonial, usado para grupos grandes demais para seu espaço na Casa Branca. Subindo a escadaria, conversamos sobre o perfil que Richard Ben Cramer traçara dele em *What It Takes.* Biden ficara vagamente perturbado por um retrato afetuoso, mas implacável, de sua ascensão e queda na campanha de 1988. (Cramer enfatizara o "elemento empolgante da coragem [...] mais coragem do que bom-senso".) "É constrangedor quando alguém mostra algo sobre você que você ainda não sabia", apontou Biden. Mas quando Cramer morreu, em 2013, Biden fez um elogio fúnebre. Chegamos ao topo da escada e Biden, um pouco sem fôlego, parou para pensar no motivo do perfil de Cramer o afetar tanto. "Ele usou uma palavra, "Biden nunca faz nada a menos que possa 'ver'". E ele estava absolutamente certo. Nunca faço nada que não possa 'ver'."

A crise na Ucrânia se cristalizara em um impasse amargo. Os integrantes do governo Obama se voltaram cautelosamente para os muitos outros problemas de política externa que enfrentavam. No escritório cerimonial, mais de vinte visitantes estavam sentados ao redor de uma mesa comprida, prontos para discutir a questão do Chipre, dividido desde 1974, quando foi invadido pela Turquia para evitar que a ilha se unisse à Grécia. O Chipre queria ajuda dos Estados Unidos para resolver o impasse e explorar as jazidas de petróleo e gás. No final de maio, Biden havia feito a visita de mais alto escalão do governo desde o vice-presidente Lyndon Johnson em 1962, e seus convidados naquela tarde eram líderes greco-americanos que ele conhecia havia anos. Um deles disse que ele parecia magro. "Estou trabalhando nisso! Reduzi para 81 e estou pronto para lutar!", comentou Biden, mais uma observação em uma sequência crescente sobre uma possível campanha em 2016.

Durante a reunião, Biden estava a todo vapor: recapitulou intensamente sua viagem, encenou suas reuniões, sussurrou com confiança, jogou as mãos para o céu, jurou encontrar uma solução para um conflito que se arrastava, como ele disse, havia "malditos quarenta anos, cara!". Começou a suar e tirou o paletó. Depois de meia hora, ele deveria ir embora, e o funcionário que cuidava de sua agenda lhe entregou um bilhete dobrado. Biden o olhou e continuou falando. Mais trinta minutos se passaram. O funcionário deu a volta na mesa para ficar em sua linha de visão. Finalmente, 64 minutos depois de chegar, tendo falado por cerca de 55 deles, Biden anunciou que precisava voltar à Ucrânia, dessa vez para assistir à posse do presidente. Um membro do grupo, Andy Manatos, um lobista grego-americano, agradeceu-lhe pela atenção dedicada ao Chipre, dizendo que fora "provavelmente a primeira vez em quarenta anos que confiamos no que nosso governo quer fazer". Na saída, Manatos parou e me disse: "Você já ouviu falar do tratamento Lyndon Johnson? Esse foi o tratamento Biden."

Quando Biden dava telefonemas da Casa Branca para pessoas que conhecia, eventualmente ignorava a telefonista, discando direto e pegando as pessoas despreparadas. Em ligações formais com líderes estrangeiros, ele seguia o protocolo, mas tentava ter uma conversa amigável — netos, comida, clima. Naquele verão, os registros telefônicos da Casa Branca mostraram que Biden havia feito mais ligações para o Iraque — 64, para ser exato — do que para qualquer outro país, demonstrando que o país foi uma das suas maiores preocupações.

Em seus anos no Senado, Biden nunca teve uma opinião uniforme sobre o uso da força. Em 1991, ele votou contra a Guerra do Golfo, mas em 1993 defendeu os ataques aéreos da Otan nos Bálcãs para impedir a matança de bósnios pela Sérvia, algo que considerou um de seus momentos de maior orgulho. Em 2002, durante o período que antecedeu a guerra no Iraque, ele propôs uma resolução que permitiria a Bush remover as armas de destruição em massa sem remover Saddam Hussein. A resolução foi derrotada e Biden votou a favor da guerra, uma decisão da qual se arrependeu.

Ele nunca teve muita confiança na coerência política do Iraque. Na primavera de 2006, por acaso se sentou ao lado de Leslie Gelb, a ex-chefe do Conselho de Relações Exteriores, em um voo de Nova York a Washington. O voo atrasou, contou Gelb, e "durante três horas conversamos sem parar apenas sobre o Iraque". Eles esboçaram a ideia de um sistema federativo com três regiões semiautônomas para xiitas, sunitas e curdos, em parte com base na experiência de Biden com a divisão da Bósnia. Eles publicaram a ideia em um artigo no *The New York Times* em maio de 2006. "Chamou muita atenção, quase toda negativa", recordou Gelb. Analistas de política externa disseram que isso levaria o Iraque à desintegração ou, pior, à limpeza étnica. "Fiquei muito interessada em ver como Joe reagiria", disse Gelb, "porque, sob esse tipo de pressão, com todo mundo dizendo 'Você está errado', os políticos fogem. Ele nunca fez isso. Nunca". (Mais tarde, perguntei a Michael O'Hanlon, especialista em política externa da Brookings Institution, o que ele achava do sistema federalista proposto. Ele disse: "Não é uma ideia maluca, nunca foi maluca e ainda pode ser uma opção necessária.")

Não muito depois da eleição de 2008, Rahm Emanuel, então o novo chefe de gabinete, se reuniu com Obama para dividir as atribuições — especialmente em relação ao delicado assunto da guerra instável no Iraque. "Era necessário alguém que fosse leal até a medula, não estivesse procurando glória e conhecesse todas as facções diferentes. Não apenas em nosso governo, mas também no governo do Iraque, e que tivesse acesso direto ao Salão Oval." Biden se encaixava. Em uma reunião de segurança nacional em junho de 2009, Obama se virou para Biden e disse, sem cerimônia: "Joe, você fica com o Iraque." Para os críticos do governo, essa transferência foi um sinal do desprezo de Obama pelo que considerava uma "guerra burra" (em comparação com a "guerra boa", no Afeganistão).

Três anos depois de propor um plano que daria ao Iraque maior autonomia regional, Biden agora tinha a tarefa de manter o país unido. Com esse objetivo, ele apoiou o governo liderado pelo primeiro-ministro Nuri al-Maliki e pediu a um rival, Ayad Allawi, que desistisse de sua candidatura a primeiro-ministro e aceitasse um cargo inferior. Apesar da preocupação crescente entre diplomatas norte-americanos e aliados na região de que o primeiro-ministro iraquiano fosse uma figura cada vez mais sectária e despótica, Biden considerava Maliki a única opção viável. Ele invocou sua crença no poder dos interesses racionais como um ingrediente da política. Panetta comenta: "Lembro-me de Joe basicamente dizendo a al-Maliki: 'Isso é do seu interesse político. Você quer governar o país? Quer entrar para a história como alguém que conseguiu salvar o país? Será fundamental para o seu legado.'"

Biden estava otimista. Ele previu que um governo estável e representativo em Bagdá "seria uma das grandes conquistas deste governo", como disse em 2010. Previu também que Maliki assinaria o Acordo sobre o Status das Forças [Sofa, na sigla em inglês], que permitiria a permanência de um contingente de tropas norte-americanas no Iraque. "Aposto minha vice-presidência que Maliki estenderá o Sofa", disse ele a outros integrantes do governo durante uma videoconferência. Mas essa confiança se revelou equivocada. Em 2011, Maliki se recusou a atender aos pedidos norte-americanos e os Estados Unidos encerraram as atividades militares no Iraque. Em dezembro, Biden visitou Bagdá para marcar a retirada americana. Ele ligou para Obama e agradeceu "por me dar a chance de acabar com essa guerra maldita". A comemoração foi prematura.

Em junho de 2014, visitei Biden em seu escritório na Ala Oeste. Menos de três anos depois de saudar o fim daquela guerra maldita, militantes sunitas autodenominados Isis [Estado Islâmico no Iraque e al-Sham, na sigla em inglês] tomaram o controle de Mosul, segunda maior cidade do país, e Obama se preparou para enviar os primeiros milhares de soldados de volta ao Iraque. A fronteira entre Iraque e Síria estava sendo violada, e duas guerras, antes distintas, se fundiam.

Em mangas de camisa, Biden se jogou em um sofá azul diante de sua mesa e deu um suspiro teatral de cansaço. Durante anos, uma mistura de críticos tanto de esquerda quanto de direita pressionou o governo a dar passos maiores na Síria para salvar vidas humanas ou para conter o caos estratégico que agora se espalhava pela região. Perguntei se os Estados Unidos poderiam ter feito algo diferente na Síria. Biden não disse nada durante 15 segundos. Depois, respondeu: "Sim, talvez." Em 2012, a Casa Branca rejeitou um plano defendido pela CIA para armar rebeldes moderados, por medo de que isso pudesse atrair os Estados Unidos para o conflito e colocar armas nas mãos erradas. Após ter sido descoberto que o presidente da Síria, Bashar al-Assad, usara armas químicas em junho de 2013, Obama autorizou o projeto. O objetivo norte-americano, segundo Biden, era remover Assad sem desencadear uma guerra civil sectária. Mas "eu não achava nem acreditava que nossos aliados tivessem os mesmos objetivos". Líderes de Catar, Arábia Saudita e de outras potências regionais armavam jihadistas sunitas que os Estados Unidos não estavam dispostos a apoiar. "Eu acreditava que era extremamente importante que os cataris, os emires, os sauditas e os turcos decidissem quem eram os fracos. Quem iríamos apoiar? Estávamos comprometidos em deixar um governo intacto que pudesse ser reconstruído, sem acabar com um país dividido?"

Biden se lembra de ter dito ao emir do Qatar, durante o café da manhã em abril de 2013: "Vocês não podem continuar financiando apenas os grupos islâmicos mais radicais." O vice-presidente acreditava que as potências estrangeiras estavam transformando o conflito em "uma guerra entre sunitas e xiitas". "Não se envia dezenas de milhões de dólares para al-Nusra [um grupo terrorista islâmico] e diz que 'nós estamos de acordo', porque isso não vai acabar bem. Na medida em que era possível fazer isso terminar bem, antes da hora, fracassamos em produzir um consenso."

Antes que eu pudesse perguntar o que levou a isso, ele fez uma defesa de seu histórico de argumentar contra o uso da força. "Veja, uma coisa de que tenho certeza é que isso não importa se tivéssemos trinta mil soldados lá, ou se fossem sessenta ou dez." E então fez uma comparação com o Afeganistão: "Nesses dois países, que saíam de circunstâncias realmente difíceis, demos a eles uma oportunidade. Uma chance. Oferecemos espaço e tempo." Ele estava pessimista quando à espiral de caos na Síria e no Iraque, mas mantinha a crença de que os Estados Unidos estariam errados em tentar forçar as partes à submissão ou a um acordo. "Apesar de todas as centenas de horas que eu e outros passamos com cada um dos líderes, eles não resolveram o problema central de como vão viver juntos. E não teria importado se tivéssemos ficado lá."

Poucos comandantes ou diplomatas americanos lamentaram o fim de uma exaustiva ocupação pelos Estados Unidos, mas alguns criticaram Biden por investir tanto em Maliki, ou por não se esforçar mais para deixar uma força que pudesse ter preservado a influência norte-americana e impedido o projeto sectário de Maliki. Quando Biden e eu conversamos sobre o Iraque, ele havia falado com Maliki um dia antes e não se preocupou mais em expressar confiança nele. "A boa e a má notícia é que isso aconteceu em um momento propício, porque eles estão agora na fase de formação do governo, e pode-se ver muito bem entre os xiitas a decisão de que talvez Maliki não fique no comando", analisou, demonstrando apenas um desejo limitado de conseguir uma solução no Iraque. "Embora seja de nosso absoluto interesse, não podemos querer unidade e coerência mais do que eles querem."

Naquele verão, enquanto o governo em Bagdá mergulhava cada vez mais na paralisia, a velha noção de Biden de um Iraque federalista descentralizado passou de uma proposta radical para um simples reconhecimento da realidade. Stratfor, a empresa de coleta e análise de informações, previu que o Iraque "se comportará em grande medida como uma confederação com o passar do tempo". Quase ninguém fingia que esse era um resultado desejável. Zalmay Khalilzad e Kenneth Pollack, especialistas em Iraque do Center for Strategic & International Studies e da Brookings Institution, consideraram essa a "melhor — ou talvez a menos ruim" opção no momento.

A química na Casa Branca estava mudando. Depois de quase quatro anos como secretária de Estado, Hillary Clinton deixara o cargo em 2013 — ela mantivera uma programação de viagens cansativa, visitando mais países que qualquer outra pessoa que ocupou o cargo, e teve uma concussão e um coágulo de sangue que a deixaram de repouso por um mês. Foi sucedida por John Kerry, que tinha um bom relacionamento com Biden, embora suas habilidades e experiências se sobrepusessem, tornando Biden menos necessário em relações exteriores. Ao contrário de Clinton, Kerry havia chegado ao cargo depois de décadas de experiência em política externa no Senado e, como Biden, tinha relacionamentos de longa data com líderes estrangeiros. Além disso, o falatório sobre a eleição de 2016 estava aumentando. Biden se orgulhava de suas contribuições ao governo: uma voz a favor de encerrar duas guerras, mesmo que não resolvidas; o esforço em lidar com um Congresso inoperante; uma demonstração de apoio aos direitos de gays e lésbicas, mesmo que custando suas relações com conselheiros políticos de Obama. Ele sabia que sua opinião sobre seu legado seria questionada. Bob Gates foi apenas o primeiro a fazê-lo.

Ao fim de uma de nossas entrevistas, Biden comentou sobre a vice-presidência: "Apesar de todo o meu ceticismo sobre aceitar o cargo, foi a coisa mais valiosa que já fiz na vida." Ele se levantou, vestiu um paletó azul-marinho e ajeitou as abotoaduras, porque era esperado em uma reunião de segurança nacional. Sabia que outros — especialmente Hillary Clinton — especulavam sobre suas intenções na campanha à presidência, mas não tinha pressa em compartilhá-las. Quando perguntei sobre isso, ele fez o ritual de negar. "Posso morrer feliz sem ser presidente." Liguei para um dos amigos de Biden para conferir. Ele riu. "Há seis anos, venho dizendo: se você não acredita que Joe Biden pretende concorrer em 2016, você não o conhece."

Capítulo 6

O SORTUDO E O AZARADO

Quando Biden aceitou ser companheiro de chapa em 2008, disse a Obama: "Tenho 65 anos e você não vai precisar se preocupar comigo buscando a presidência." Se Obama completasse dois mandatos e Biden conseguisse sucedê-lo, teria sido o novo presidente mais velho da história.

Mas em 2011 ele estava reconsiderando a ideia. Começou a fazer reuniões de estratégia no Observatório Naval, residência oficial do vice-presidente, com a família e assessores políticos de longa data: Ted Kaufman, Ron Klain e outros. Na primeira vez que lhe perguntei sobre isso, no início de 2014, Biden deu a negativa ritual: "Meu trabalho é servir ao presidente. Sei que isso parece bobo, mas falo sério. Tenho um trabalho. O único trabalho: ajudar este homem, que eu admiro muito, a terminar seu mandato realizando o máximo de uma agenda que compartilho e na qual acredito." Quando pressionei, ele respondeu: "Em algum lugar entre um dia e seis ou oito meses após as eleições para o Congresso [no outono de 2014], isso será assunto, queira eu ou não."

A verdade é que Biden já enfrentava uma dificuldade que era praticamente sem precedentes na política norte-americana moderna. Em meio século, todo vice-presidente em exercício que buscou a presidência conquistou a indicação de seu partido. Mas, mesmo um ano antes de Hillary Clinton anunciar formalmente sua candidatura, Biden aparecia atrás dela nas pesquisas com uma margem de cinquenta pontos ou mais. Se ela não concorresse ou se tropeçasse, Biden poderia ter uma chance. No momento, porém, ele estava no limbo — procurando formas de permanecer em cena, ajudar seu presidente e fazer brilhar seu legado.

Quando conversamos sobre a decisão de se aposentar ou concorrer novamente, ele mencionou o pai. "Cometi um erro ao encorajá-lo a se aposentar. Eu só acho que enquanto você considerar que pode fazer algo e estiver fisicamente saudável...", começou, para depois mudar a abordagem. "Na verdade, tive uma conversa com Barack. Falei: 'Veja, não vou fazer como Al [Gore], indo a todos os aniversários em Iowa.' Não vou fazer isso. Mas, sabe, não tomei a decisão de que *não* vou fazer isso."

Mais de um ano antes das prévias de Iowa de 2016, as perspectivas de Biden não eram boas. Mesmo visitando frequentemente a Carolina do Sul (local da terceira primária), uma pesquisa em 2012 descobriu que quase um terço dos entrevistados de lá não sabia o nome do vice-presidente. Ainda assim, como estratégia de curto prazo, as negativas fingidas de Biden sobre a presidência estavam lhe servindo bem. Um vice-presidente que buscava avidamente o cargo principal era uma distração, mas Biden se mantinha sob os holofotes alimentando especulações sobre sua disposição de complicar a candidatura de Clinton. Mesmo que ele ainda não pudesse ver um caminho viável para a indicação, deixar essa perspectiva na mesa o mantinha no jogo. Um de seus assessores me disse que ele se via como "o tubarão que precisa continuar nadando para se manter vivo". Em termos menos terríveis, Dennis Toner, que trabalhou na equipe de Biden por mais de trinta anos, comentou: "Toda a sua vida diz respeito a isso. Então como, nesse momento, você dá as costas?"

Quanto mais tempo eu passava com Biden, mais percebia quantas vezes ele retornava à questão do respeito — em sua infância, nas lutas de seu pai, nos antigos desrespeitos e indelicadezas que ele havia sofrido em sua ascensão. O respeito é um elemento permanente na psicologia política (em um episódio de *Veep,* Julia Louis-Dreyfus expôs sua importância — "Você conhece a canção de Aretha Franklin" — quando se choca com uma porta de vidro laminado), mas as sensibilidades da antiga vizinhança de Biden o elevaram a uma posição sagrada. Eu concluí que, para ele, concorrer à presidência era menos importante do que confirmar que as pessoas o respeitavam e o levavam a sério.

Biden e Hillary Clinton tinham uma amizade que datava da campanha de Clinton em 1992. Ela gostava de dizer que ele a fazia se lembrar do marido — dois independentes simpáticos com política até a medula — e, quando ela entrou para o Senado, os dois viajavam juntos de Amtrak. Depois que ela discursou endossando apaixonadamente Obama e Biden na Convenção Nacional Democrata em 2008, ele a encontrou nos bastidores, ajoelhou-se em agradecimento e beijou sua mão. Apoiou com entusiasmo sua escolha como secretária de Estado. No governo, eles divergiram fortemente quanto ao uso das forças militares — ela defendeu um aumento de tropas no Afeganistão, uma missão para derrubar Kadafi e o ataque a Bin Laden, e ele se opôs aos três. No entanto, tomavam café da manhã às terças-feiras na residência dele, sem assessores. Ele fazia questão de recebê-la quando ela chegava em seu carro e de levá-la até um canto ensolarado na varanda. "Sempre um cavalheiro", escreveu ela em *Escolhas difíceis,* suas memórias dos anos no governo. Às vezes, ele encerrava seus telefonemas para ela com "Amo você, querida".

Era difícil superestimar a vantagem de Clinton. Por 12 anos consecutivos, ela foi a mulher mais admirada dos Estados Unidos, de acordo com o Gallup. (Em 2014 Michelle Obama estava em terceiro lugar, atrás de Oprah e empatada com Sarah Palin.) Um comitê de ação política criado para Hillary arrecadou mais de 8,3 milhões de dólares mais de dois anos antes da eleição. Biden não tinha uma infraestrutura de arrecadação. Escrevendo para a revista *The Atlantic* em 2014, Peter Beinart avaliou o ímpeto de Clinton e concluiu: "A candidatura à presidência de Joe Biden corre o risco de se tornar uma piada." Beinart lamentou isso, argumentando que o contraste entre Biden e Clinton poderia desencadear um debate produtivo sobre a postura do Partido Democrata em questões como "o papel dos Estados Unidos no mundo".

Ed Rendell, ex-governador e dirigente do Partido Democrata, era amigo de Biden e partidário de Clinton. Naquela primavera, perguntei a ele que tipo de desafio Biden poderia fazer a Clinton. "Nenhum, porque seus apoiadores políticos e financeiros estão todos a favor de Hillary. A resposta que dariam a ele seria: 'Joe, adoro você, acho que seria um ótimo presidente, mas é a hora de Hillary.' Joe está no caminho da história." Mas, se Clinton não concorresse, ou vacilasse, acrescentou Rendell, Biden poderia muito bem conseguir mais apoio democrata do que tinha. "Se Hillary desistisse na terça-feira, eu ligaria para Joe na quarta-feira e diria: 'Qualquer coisa que você queira, eu faço.' E acho que de 60% a 70% dos apoiadores de Hillary sentem o mesmo."

Campanhas seguem direções imprevisíveis, e naquele verão Clinton fez uma série de comentários desajeitados sobre sua riqueza — disse que sua família estava "quebrada" quando deixou a Casa Branca, e que ela e Bill Clinton não estavam "tão bem de vida", mesmo com ela viajando pelo país para fazer palestras remuneradas. Biden, por outro lado, começou a fazer comentários que poderiam apresentá-lo como uma alternativa mais progressista, ao estilo da senadora Elizabeth Warren. Ele me disse: "Tenho uma discordância básica do raciocínio surgido no governo Clinton sobre a concentração da riqueza econômica gerar crescimento econômico." Ele achava que a classe média estava "sendo esmagada". "Acho que deve haver uma mudança significativa tanto na política fiscal quanto na política tributária ao longo do tempo." Ele estava tentando fazer com que essa ideia "fosse mais presente na Casa Branca". Aquilo parecia papo-furado, e não escrevi sobre isso na época. Foi um erro meu. Ele estava descrevendo uma divisão no Partido Democrata, que precisava lidar com as frustrações dos eleitores da classe trabalhadora, especialmente os brancos, alguns dos quais acabaram se voltando para Bernie Sanders — e outros para Trump.

Ele continuou: "Vou ser franco com você: o único voto que me lembro de ter dado em todos os meus anos no Senado de que me arrependo, e fiz isso por lealdade, sem saber que seria tão ruim assim, foi Glass-Steagall." A revogação em 1999 da Lei Glass-Steagall, que separava bancos comerciais e de investimento, em parte facilitou a crise financeira de 2008. (Ao longo dos anos, Biden expressou pesar por outros votos, incluindo seu apoio à invasão do Iraque e por sentenças mais duras para posse de crack.)

Em público, ele assumia posições econômicas populistas que o colocavam exatamente à esquerda de Clinton. Na época, Sanders ainda estava a meses de entrar na corrida pela presidência e Biden desenvolvia um discurso que lhe serviria caso concorresse. Ele contou a uma plateia de trabalhadores sindicalizados que Ken Langone, o bilionário fundador da Home Depot, havia se queixado da crítica do papa Francisco à desigualdade de renda, e disse: "Como católico praticante, abençoe-me, padre, pois ele pecou." Ele avisou aos membros da United Auto Workers que os conservadores fizeram um ataque "abrangente, pleno, bem organizado, bem financiado e bem pensado aos trabalhadores".

Enquanto Clinton fugia de outras perguntas sobre sua renda, Biden dizia a uma plateia em Washington que vestia um "terno moderadamente caro", apesar de não possuir "uma única ação ou título". (Para ser mais preciso, sua família mantinha títulos em nome de sua esposa.) No Comedy Central, Jon Stewart declarou que isso era "um bom e velho sem-recursos".

Naquele dia em seu escritório, quanto mais Biden falava sobre uma possível campanha, mais animado ficava com a perspectiva de concorrer como um populista econômico. Levantou do sofá e procurou algo em sua mesa. Pouco antes desenterrara seu discurso na convenção de 2008 e ficara surpreso com a quantidade de questões que ainda não haviam sido resolvidas. Ele o localizou nas pilhas em sua mesa e, de pé no meio do escritório, folheou as páginas. "Há uma frase nele que eu uso e digo: 'Estou concorrendo por policiais, bombeiros, enfermeiras, professores e operários de linha de montagem.' As pessoas me perguntavam: 'Biden, por que você continua falando sobre desigualdade de renda e tudo isso?' Então, revejo esse discurso: é por isso que eu estava concorrendo, droga!"

Ele olhou para mim, sorriso largo, ainda de pé, e continuou: "Não estamos falando o suficiente sobre a desigualdade de renda. Não estamos falando o suficiente sobre como, em nome de Deus, você pode falar em 5,7 trilhões de dólares a mais em redução de impostos, pelo amor de Cristo. Como podemos continuar a dizer que um imposto de 20% sobre altas remunerações é justo? Por que diabos não estamos falando sobre renda do trabalho em oposição a renda do capital?"

Pelas contas de Jill Biden, ela participou de 13 campanhas políticas para seu marido e seu enteado Beau. Outras pessoas me disseram que membros da família relutavam em embarcar em mais uma campanha. Quando perguntei se ela achava que o marido deveria concorrer de novo, ela não hesitou, dizendo que iriam ver "como as coisas evoluem", mas acrescentou que a vida de quem ocupa um cargo deixa pouco tempo para discutir o futuro. Contou sobre a rotina depois de uma série de eventos. "Nós subimos, pegamos nossos briefings. Você precisa se informar para o dia seguinte. É um estilo de vida, algo que você nunca larga. Não é apenas um trabalho, para o qual você vai e depois volta para casa. Você vive isso, respira isso."

Quando entrevistei Obama naquele verão, mencionei que ele havia elogiado os atributos de Clinton como presidente em potencial e perguntei o que achava das perspectivas de Biden. "Acho que Joe seria um presidente soberbo. Ele viu o trabalho de perto, sabe o que é necessário. Sabe como separar o que é importante do que é menos importante. Ele é ótimo com as pessoas. Gosta de política e tem relacionamentos importantes no Capitólio que lhe serviriam bem." Eu pegara Obama em um momento de inquietação. Depois de seis anos enclausurado na Casa Branca, ele passara a se comparar a um animal enjaulado. Algumas horas depois de conversarmos, ele deu uma caminhada inesperada até um Starbucks, dizendo aos repórteres: "O urso está solto." Considerando isso, Obama não conseguiu esconder o espanto de dois de seus amigos quererem se submeter a outra campanha eleitoral. "Acho que, tanto para Joe quanto para Hillary, eles já conquistaram muitas coisas na vida. A questão é se, nesta fase, eles querem passar novamente pelo processo bastante indigno de concorrer."

Obama voltou a falar de Biden. "Você precisa ter aquele fogo interno e isso só Joe pode responder. Nesse ínterim, sou muito grato por ele não ter deixado essa questão afetar nosso relacionamento ou o modo como atuou enquanto meu vice-presidente. Ele continua a ser extremamente leal. Continua a assumir grandes atribuições que podem não dar uma grande vantagem política."

E continuou: "Sabe, quando o enviei à Ucrânia para a recente posse de Poroshenko, ele está lá, uma figura mundial que as pessoas conhecem, e demonstra a importância que atribuímos às eleições ucranianas. E então os líderes mundiais podem transmitir diretamente a ele o que pensam sobre nossos avanços. Isso não está o ajudando em Iowa."

Quando perguntei a Biden com base no que ele decidiria se candidatar à presidência, ele enumerou os fatores: a motivação ("Você acredita que tem a capacidade de mudar as coisas pelas quais é apaixonado?"), as chances ("Você consegue ganhar isso?"), a organização ("Consigo arrecadar 1 bilhão de dólares?"), a família ("Se Jill não ficasse contente — parece uma coisa estúpida —, eu não fico contente").

Perguntei como ele reagiria se os adversários dissessem que ele era velho demais para ser presidente. "Acho legítimo que as pessoas levantem esse ponto. E direi apenas: 'Olhe para mim. Decida.' Como eu avalio alguém, seja praticando esportes, dirigindo uma empresa ou na vida pública, é em função de quanta paixão ela têm. Como abraça o trabalho. Realmente *abraça*", respondeu, dando uma batida em uma mesa lateral de madeira ao lado do sofá e continuando: "Sei por experiência própria que posso ficar doente. Posso ter câncer ou um ataque cardíaco. Esse é outro motivo pelo qual meu pai costumava dizer: 'Nunca discuta com sua esposa sobre algo que vai acontecer daqui a mais de um ano.'"

Em um grau ignorado pelo público na época, a vida pessoal de Biden estava mudando de uma forma que obscureceria seus anos restantes na Casa Branca. No verão de 2013, seu filho Beau (Joseph Robinette Biden III), que era procurador-geral de Delaware e pai de dois filhos, foi diagnosticado como portador de glioblastoma, uma forma agressiva de câncer cerebral. Pai e filho eram excepcionalmente próximos — ele era um confidente e protegido e, mesmo quando adolescente, Beau havia desempenhado um papel importante na vida política do pai, ficando suficientemente perto durante os discursos para oferecer conselhos sussurrados. Richard Ben Cramer, em *What It Takes,* relembrou um evento durante a campanha fracassada de Biden em 1987. A multidão estava tão quieta que você "podia ouvir calças de lã farfalhando nas cadeiras Naugahyde", escreveu Cramer. Enquanto os ouvintes se afastavam, Biden continuava falando a todo vapor, "até que Beau, no final, baixou os olhos, murmurando: 'Pai... termine.'" Durante anos, o pai disse aos amigos que Beau tinha "todas as minhas melhores qualidades e nenhum dos meus defeitos".

Após o diagnóstico, Beau iniciou uma rotina exaustiva de cirurgias e tratamentos experimentais. Em um livro altamente pessoal sobre aqueles anos, *Promessa de pai*, Biden se lembra de ter dito a Obama que planejava fazer uma segunda hipoteca para cobrir as contas crescentes. "Não faça isso", disse Obama. "Eu empresto o dinheiro. Eu tenho. Você pode me pagar quando quiser." (Biden nunca aceitou a oferta.)

Ao longo do caminho houve momentos de falsa esperança. Em uma de nossas entrevistas, ele se afastou para atender um telefonema e voltou, sorrindo, os olhos brilhando. "Acabei de receber notícias familiares muito boas", disse. Eu perguntei se ele queria fazer uma pausa. "Ah, não, eu só... não consigo dizer o quão bem me sinto." Posteriormente, um assessor explicou que a boa notícia era sobre o progresso do tratamento de Beau. Mas o otimismo durou pouco. Em 30 de maio de 2015, Beau faleceu, aos 46 anos. Naquela noite, Biden escreveu em seu diário: "Aconteceu. Meu Deus, meu menino. Meu lindo rapaz."

A angústia atingiu profundamente a família Biden, um clã que se orgulhava de uma solidariedade feroz. Às vezes, Biden falava de seu pessoal em termos antropológicos — "Nós, os Biden". ("Nós, os Biden, temos personalidades fortes e vivemos perto uns dos outros", escreveu.) Certa vez, quando apareci para uma entrevista em seu escritório, ele parecia perdido em pensamentos. Fora uma semana agitada — eu estava lá para conversarmos sobre o Iraque, a Ucrânia e outros dramas —, mas quando perguntei no que ele estava pensando em sua mesa, ele sorriu. "Uma primeira comunhão, cara!" Seria naquele fim de semana, em Delaware, e Biden estava voltando para casa. "Eu olho para minha irmã, e muitos dos meus colegas, e colegas mais jovens com filhos que estão saindo da faculdade e estão espalhados por todo o universo. Eu tive sorte. Todos os domingos, quando estamos em casa, jantamos juntos, sabe? Tem sido assim há 25 anos."

Quando veio a notícia da morte de Beau, Obama o elogiou por "uma vida plena, uma vida com importância". Em um comentário dirigido a Joe e Jill, acrescentou: "Os Biden têm mais família do que imaginam." Havia uma verdade nisso. Mesmo quando a família Biden alcançou privilégios, suas tragédias, seus esforços e seu improvável otimismo a fizeram se destacar como um clã norte-americano mais acessível do que os Kennedy, os Clinton ou os Obama.

Entre os tributos prestados aos Biden, o senador Harry Reid disse: "Há uma música, 'A Man of Constant Sorrow', que sem dúvidas se aplicaria ao nosso amigo Joe Biden."

O sentimento era sincero, mas, para pessoas próximas a Biden, a analogia soava alguns graus distante da verdade. Afinal, a tristeza da família foi enorme, mas nunca constante. Um amigo de Biden, Ted Kaufman, me disse: "Se me perguntar quem é a pessoa mais azarada que conheço pessoalmente, a quem coisas terríveis acontecem, eu diria Joe Biden. Se me perguntar quem é a pessoa mais sortuda que conheço pessoalmente, com quem coisas incríveis aconteceram, eu diria Joe Biden."

Por décadas, Biden teve uma relação irregular com sua vida pública e o sofrimento. Muito depois do acidente de carro, ele falava sobre isso apenas ocasionalmente, se preocupando com a reação das pessoas, pois a ideia de ser vulnerável se chocava com o estilo confiante de sua geração. Mas, após a morte do filho, os assessores perceberam uma mudança. "Toda a experiência com Beau acabou com a arrogância", observou um ex-colega. "Foi quase físico. Você percebia na postura dele. Ele não era mais o antigo jogador de futebol universitário. Emergiu disso como uma espécie de homem humilde e decidido."

No outono de 2015, Biden foi ao programa *The Late Show*, apresentado por Stephen Colbert. Eles tinham algumas experiências em comum: quando Colbert era criança, seu pai e dois irmãos morreram em um acidente de avião. Antes da gravação, eles se encontraram nos bastidores. "Acho que foi uma das conversas mais densas e comoventes que já tive", recordou Colbert. Durante a entrevista, Biden falou sobre o luto pelo filho, se esforçando para manter a compostura. Colbert, com base em sua própria experiência, viu sentido em expor ao público essa angústia. "Poucos são aqueles que desejam abordar a dor, e não apenas a sua própria dor, mas a dor de qualquer outra pessoa. Acho que há uma sensação de que o luto é contagioso. Joe Biden não tem isso", disse Colbert. "Ele expressa a solidão da tristeza e faz você se sentir menos sozinho. Apesar de todas as suas qualidades de norte-americano de meados do século, ele não está sobrecarregado com a maldição de não ser capaz de compartilhar sensações de fraqueza ou dor."

A associação de Biden com dor e resistência às vezes o coloca além dos limites usuais da pequena política. "As pessoas vêm até ele e tudo o que querem falar é: 'Como faço para superar isso?'", contou Mike Donilon, seu estrategista-chefe. Quando Biden e Obama cumprimentavam as pessoas, às vezes Biden demorava tanto que os assessores tinham que reiniciar a trilha sonora.

Repórteres e agentes brincavam que esse era um velho truque dele, demorar-se muito para tirar fotos e tagarelar sobre seu time de baseball preferido, os Phillies. Pessoas que trabalharam com ele descrevem de maneira diferente. "A música era muito alta, as pessoas gritavam pedindo uma *selfie*, um assessor o pressionava a avançar, e ele parava", disse Donilon. "Ele ia se sentar lá e conversar com a pessoa."

Enquanto Biden lidava com a decadência de Beau, seu outro filho, Hunter, passava por um tipo diferente de crise. Hunter lutou por décadas contra o vício em drogas e álcool, que certa vez descreveu como "um túnel sem fim". Em fevereiro de 2014, ele foi dispensado da Reserva da Marinha após um teste positivo para cocaína. Seu casamento estava desmoronando e mais tarde ele teve um breve relacionamento com a viúva de Beau. Enquanto isso, os republicanos que estavam ansiosos para minar a candidatura de Biden espalharam a história não comprovada de que Biden havia usado seu poder para ajudar os negócios de Hunter na China e na Ucrânia. Ao longo dos anos, Hunter trabalhou em um banco, uma empresa de lobby e um fundo de hedge, mas seu pai manteve distância, para evitar acusações de conflito de interesses.

Estava se tornando mais difícil manter essa distância. Na primavera de 2014, ao mesmo tempo que Biden desempenhava um papel central supervisionando a política dos Estados Unidos na Ucrânia, Hunter entrou para o conselho da Burisma, um dos maiores produtores de gás natural da Ucrânia. A decisão de assumir o lugar no conselho incomodou integrantes do governo Obama. A posição de Hunter não tinha efeito na política adotada, eles insistiram, mas parecia impróprio. Por vários anos, Hunter entrou e saiu de tratamentos para abuso de substâncias, enquanto lamentava a perda do irmão e buscava negócios. Depois que bateu um carro alugado no Arizona, um funcionário encontrou um cachimbo de crack e o crachá de procurador-geral de Beau Biden no painel. Hunter mais tarde disse a Adam Entous, da *The New Yorker*, que seu pai discutira a questão sobre a Burisma com ele apenas uma vez. "Meu pai disse: 'Espero que você saiba o que está fazendo', e eu disse: 'Eu sei.'" (Hunter depois se desculpou e disse publicamente que integrar o conselho havia sido um "erro de avaliação". Ele prometeu não trabalhar para nenhuma empresa estrangeira caso seu pai se tornasse presidente.)

Enquanto Biden lidava com a morte de Beau e os problemas de Hunter, em Washington a especulação sobre sua candidatura à presidência aumentava. As pessoas debatiam como ele se sairia contra Hillary Clinton em uma disputa pela indicação democrata. Na maioria das análises, ela tinha várias vantagens: era cinco anos mais jovem, muito popular no partido, com uma montanha crescente de recursos de campanha — sem falar na perspectiva de fazer história como a primeira mulher presidente.

Havia outro fator importante: era cada vez mais evidente para Biden que Obama via Clinton como sua sucessora natural. Antes, os sinais tinham sido mais sutis. Em 2014, durante uma entrevista rotineira a *CBS This Morning*, Biden e Obama estavam lado a lado quando o repórter, Major Garrett, perguntou sobre a disputa de 2016. Obama elogiou Biden como "um grande parceiro em tudo o que faço", e depois começou a falar de outra pessoa: "Suspeito que em 2016 possa haver outros candidatos que foram grandes amigos e aliados. Temos uma secretária de Estado extraordinária que prestou um grande serviço para nós, para mim e para Joe." Biden desviou o olhar por um instante e depois olhou de novo para o presidente, com um sorriso tenso. Não era um endosso a Hillary Clinton. Não era nada — a menos que você enxergasse isso.

Em privado, Obama estava "sutilmente se colocando contra — por uma variedade de razões", escreveu Biden mais tarde. Uma dura disputa interna desviaria a atenção do público do último ano de trabalho do governo e arriscaria dividir o partido em facções que seriam mais fracas contra um adversário republicano. Além disso, escreveu ele com um traço de irritação, Obama estava "convencido de que eu não conseguiria vencer Hillary". Biden se perguntou se Obama já havia prometido a Clinton apoiá-la, mas não queria que isso se interpusesse entre os dois. "Eu entendi e nunca discuti com ele. Tratava-se do legado dele, e uma parte significativa desse legado ainda não havia sido gravada em pedra", escreveu Biden.

Os conselheiros de Biden viram isso de forma muito diferente. Eles citaram pesquisas que o mostravam com níveis mais altos de simpatia que muitos candidatos de qualquer partido, incluindo os candidatos republicanos à frente na época, Jeb Bush e Marco Rubio. Embora Biden tenha ficado muito atrás de Clinton em New Hampshire, ele a superou em estados importantes, como

Flórida, Ohio e Pensilvânia. E marcava muitos pontos em qualidades pessoais como honestidade e empatia. O surpreendente sucesso inicial de Bernie Sanders sugeria que a conversa de Biden sobre desigualdade de renda e sobre ressuscitar os sindicatos trabalhistas poderia encontrar apoio, embora Biden precisasse agir rápido para reivindicar esse território.

No outono de 2016, ele continuava de luto pelo filho e sem decidir se concorria ou não. Não arrecadou dinheiro, não contratou funcionários e não criou nenhuma organização nos estados. Em uma reunião com conselheiros e parentes, Donilon viu a dor gravada em seu rosto e disse: "Acho que você não deveria fazer isso." Donilon estivera entre os mais fervorosos defensores de que ele entrasse na disputa. "Acredito que ele poderia ter vencido", contou ele mais tarde. "Olhei para ele naquela noite na casa do vice-presidente, e ele parecia sentir muita dor. Ele não podia continuar."

No dia seguinte, 21 de outubro, no Jardim das Rosas, com Jill e Obama ao seu lado, Biden anunciou que não se candidataria à presidência. Ele aparentava certeza, mas a dubiedade era inconfundível. "Embora eu não seja candidato, não ficarei em silêncio. Tenho a intenção de falar de forma óbvia e vigorosa para influenciar tanto quanto puder nossa posição como um partido e para onde precisamos ir como nação." Ele falou usando algumas anotações. Foi lento e paciente para seus padrões. Dirigiu seus comentários não apenas ao público, mas também a seus colegas em Washington. Implorou que "acabassem com a política partidária que está dividindo este país". "Mais quatro anos desse tipo de batalha campal pode ser mais do que este país pode aguentar."

Era, ao que parecia, o fim de um sonho de cinco décadas, que remontava à sua resposta de juventude à mãe de Neilia de que um dia seria presidente. Ele havia disputado sua última campanha, ou assim parecia. Mas a vida de Biden muitas vezes tomava rumos difíceis de se prever, e estava prestes a mudar mais uma vez.

Capítulo 7

A BATALHA PELA ALMA

No verão de 2017, Biden estava quase aposentado, trabalhando em apoio à pesquisa do câncer e dizendo a qualquer um que quisesse ouvir que poderia ter derrotado Trump.

Naquele mês de agosto, depois que supremacistas brancos desfilaram carregando tochas em Charlottesville, na Virgínia, Biden assistiu enquanto Trump falava aprovando as "pessoas muito boas" de ambos os lados. "Pensei: 'Santo Deus, esse cara vai ser muito pior do que eu pensava.'" Ele leu *Como as democracias morrem,* dos cientistas políticos de Harvard Steven Levitsky e Daniel Ziblatt, e viu ecos disso nas manchetes. "Veja o que está acontecendo. Veja o que está sendo dito. Não apenas por ele, mas por seus seguidores e alguns de seus colegas eleitos", comentou Biden, que pensava que as ações de Trump revolveram um reservatório de raiva que já existia. "Não começou com Trump. Nem tenho certeza se ele entende isso."

Muitos dos adversários de Biden nas primárias — notadamente Sanders e Warren — estavam fazendo campanhas francamente progressistas: um New Deal Verde, Medicare para todos, faculdade pública gratuita, fronteiras descriminalizadas. Eles estavam conquistando amplo apoio, especialmente entre os jovens. No final da década, as gerações Y e Z estão a caminho de constituir a maioria dos eleitores dos Estados Unidos. Em 2018, vinte *millennials* foram eleitos para o Congresso, incluindo Alexandria Ocasio-Cortez, partidária de Sanders e uma socialista-democrata que incomodou um poderoso democrata moderado no Bronx.

Mas Biden acreditava que seus pares não aprenderam uma lição crucial nas eleições de meio de mandato: 43 distritos da Câmara passaram de republicanos para democratas, com alguns eleitores mais velhos e moderados se afastando do partido de Trump. "Nós vencemos não atacando o adversário, mas as questões subjacentes ao que o adversário defendia. Eles estavam fazendo campanha contra o Obamacare e, de repente, você os ouve dizer: 'Eu não disse que queria acabar com *isso*.'" Biden tinha alguma chance com alguns eleitores de Trump que estavam fartos, observou Samuel Popkin, um pesquisador veterano e autor de *Crackup*, sobre as divisões dentro do Partido Republicano. "As falências das fazendas estão chegando ao maior nível dos últimos trinta anos", observou Popkin. Em 2018, Trump voou para Wisconsin prometendo o que chamou de "oitava maravilha do mundo" — uma fábrica a ser construída para a Foxconn, a empresa de eletrônicos taiwanesa. "A Foxconn praticamente não fez nada em Wisconsin", comentou Popkin.

Ao planejar sua campanha, Biden se concentrou em reformas que não chegavam perto de uma revolução. Em vez de Medicare para todos, ele queria aumentar o Obamacare, reduzindo a idade de acesso ao Medicare de 65 para sessenta anos e adicionando uma agência de saúde governamental — uma ideia considerada radical há uma década, mas agora conservadora pelos novos padrões. Sua campanha citou pesquisas mostrando que a maioria dos eleitores democratas nas primárias foi identificada como moderados ou conservadores, e mais da metade tinha mais de cinquenta anos. "A esquerda jovem é importante", disse Anita Dunn, uma importante conselheira de Biden. "Mas o mesmo acontece com os brancos com mais de 65 anos, porque eles de fato deram a eleição a Donald Trump da última vez."

A candidatura de Biden se baseava na aposta de que, quando o pêndulo da história se afastasse de Trump, poderia oscilar em direção à experiência e ao avanço paulatino, em vez de à juventude e ao zelo progressista. Biden estava tentando persuadir os norte-americanos de que sua experiência como classe trabalhadora e de perda e sofrimento pessoais superavam as fraquezas. De uma forma estranha, Trump já havia testemunhado a força potencial de Biden como candidato. Desde 2018, conservadores vinham tentando acionar a mídia para o que Rudolph Giuliani, advogado pessoal de Trump, chamou de "suposta conspiração da Ucrânia", acusando Biden, sem provas, de demitir o procurador-geral da Ucrânia para impedir as investigações sobre Hunter e a empresa de gás Burisma. Em julho de 2019, em um telefonema agora famoso para o líder ucraniano Volodymyr Zelensky, Trump pediu a ele para "nos fazer um favor" e investigar os Biden. Depois que o conteúdo da chamada foi revelado em um vazamento, Trump se tornou, em dezembro, o terceiro presidente na história norte-americana a sofrer um processo de *impeachment* pela Câmara dos Deputados. Trump, que sustentou que seu comportamento foi "perfeito", acabou absolvido pela maioria republicana no Senado. Biden, por sua vez, ficou perplexo com um episódio que, ele esperava, evidenciava tanto a fragilidade de Trump quanto suas próprias perspectivas. "Ele decidiu que não me queria como candidato", me disse ele.

Na primavera de 2019, pouco antes de Biden anunciar sua candidatura, ele se chocou contra seu passado — e a distância cada vez maior entre as sensibilidades geracionais. Lucy Flores, uma ex-parlamentar do estado de Nevada, publicou o relato de um encontro público com ele em um comício em 2014 em Las Vegas. Ele cheirou seus cabelos, segurou seus ombros e lhe deu "um grande e lento beijo na parte de trás da cabeça", escreveu. Durante anos, os jornalistas escreveram sobre as indesejadas demonstrações de afeto de Biden — dando testadas em mulheres (e às vezes em homens), esfregando narizes, sussurrando de modo bizarro no ouvido das pessoas. Flores, uma democrata, descreveu sentir "raiva" e "ressentimento". Ela não considerava aquele comportamento sexual — ela o distinguia das alegações de agressão e má conduta que mais de vinte mulheres fizeram contra Trump nos anos anteriores. (Trump negou tais acusações.) Mas, disse Flores, aqueles hábitos mostravam "uma falta de empatia para com as mulheres e meninas cujo espaço ele está invadindo". Biden, que se orgulhava de sua abordagem tátil no cotidiano político, respondeu em um comunicado: "Nenhuma vez — nunca — acreditei ter agido de forma inadequada. Se for sugerido que o fiz, ouvirei com respeito. Mas nunca foi minha intenção."

Pelo menos seis mulheres fizeram queixas semelhantes. Mas outras se apresentaram para defendê-lo, argumentando que banir Biden de uma disputa contra Trump, que se gabava de agarrar os órgãos genitais de mulheres, seria um ato de absolutismo equivocado. Biden escreveu em um *tweet*: "Eu ouvi o que essas mulheres estão dizendo. A política para mim sempre foi estabelecer ligações, mas no futuro estarei mais atento a respeitar o espaço pessoal." Questões de gênero surgiram novamente mais tarde na campanha, depois que Tara Reade, uma ex-funcionária do Senado, o acusou de agredi-la sexualmente 27 anos antes. Ela disse que ele a prendeu contra a parede de um corredor do Senado, apalpou-a e penetrou-a com os dedos. Biden negou enfaticamente a acusação. "Isso nunca, nunca aconteceu", disse ele à rede de TV MSNBC. Os repórteres que investigaram o relato de Reade apontaram inconsistências em suas declarações, e o escândalo potencial morreu. Alguns democratas permaneceram insatisfeitos. Biden estava tentando ser o líder de um partido no qual progressistas em ascensão descartavam não apenas abuso sexual e assédio, mas também os desequilíbrios de poder que permitiram que tais problemas persistissem.

Em um vídeo de lançamento de campanha, gravado em abril, Biden definiu sua causa como uma "batalha pela alma desta nação". "Se dermos a Donald Trump oito anos na Casa Branca, ele vai alterar para sempre e fundamentalmente o caráter desta nação. Quem nós somos. E não posso ficar parado e assistir a isso acontecer." Poucas horas após o anúncio de Biden, como se para enfatizar a série de perguntas que enfrentaria sobre seu histórico, ele foi confrontado com novas manchetes sobre como lidara com a acusação de Anita Hill de assédio sexual contra Clarence Thomas em 1991. Biden ligou para Hill para expressar seu pesar, mas a ligação a deixou insatisfeita. "Ficarei satisfeita quando souber que há uma mudança real, uma responsabilidade real e um propósito real", disse ela a um repórter.

Biden começou a corrida como o favorito, mas parecia desconcentrado e fora de ritmo. Durante um debate, ele errou um convite para enviar uma mensagem de texto para a campanha em "30330", em vez disso declarando, confuso: "Vá para Joe 30330." Em vez de atrair doações, gerou uma noite de memes no Twitter, como "Como vão vocês, crianças?". Em debates, ele raramente contra-atacava e às vezes cedia a palavra com a infeliz frase "Meu tempo acabou". Os doadores recuaram. Em fevereiro, sua campanha gastava menos dinheiro em um mês do que a de Michael Bloomberg em um dia normal. Kate Bedingfield, diretora de comunicação da campanha, teve dificuldade em chamar a atenção para as propostas de Biden. "Digo a palavra 'factível' e isso é ridicularizado como 'Isso não é ambicioso'", contou ela.

Às vezes, a desconexão de Biden parecia mais profunda do que seu desempenho vacilante em debate ou seu desinteresse pela mídia social. Em um evento de arrecadação de fundos em junho de 2019, ele repetiu uma história que passou anos contando sobre trabalhar com os senadores segregacionistas Herman Talmadge, da Geórgia, e James Eastland, do Mississippi. "Não concordávamos em quase nada. Fazíamos o que era preciso. Terminávamos o que começávamos. Mas hoje você olha e vê o inimigo." Biden acrescentou que Eastland "nunca me chamou de 'rapaz'. Ele sempre me chamou de 'filho'".

Um de seus rivais, o senador Cory Booker, de Nova Jersey, imediatamente soltou uma nota de censura: "Não se brinca sobre chamar homens negros de 'rapaz'." Booker me disse que o que o frustrava não era Biden ter trabalhado com segregacionistas. "Eu trabalho com pessoas que têm crenças ofensivas e que defendem monumentos confederados", disse. O problema era se gabar disso. "Naquele momento, achei que Joe Biden não entendia que era muito humilhante para pessoas como meu pai serem chamadas de 'rapaz' no trabalho." Booker admira Biden, o que piorou as coisas. "Foi um daqueles momentos por que passam muitos negros, em que você fica tipo 'até você?'." Booker estava saindo de um estúdio da CNN quando Biden ligou para se desculpar. "Ele estava disposto a me mostrar um alto grau de vulnerabilidade e a mostrar suas imperfeições", lembra Booker. "Estou na política há muito tempo, e sei quando estou sendo trabalhado. Eu o observei mudar e se dispor a lidar com isso."

Biden terminou em um distante quarto lugar em Iowa, e em quinto em New Hampshire. A campanha estava avaliando quanto dinheiro seria necessário para pagar os funcionários caso tudo terminasse. Biden mudou sua equipe sênior, promovendo Dunn ao posto mais alto, e anunciou a promessa de colocar a primeira mulher negra na Suprema Corte. Seu resultado nas pesquisas mal variou. Para ter alguma esperança de permanecer na disputa, ele dependia da Carolina do Sul, onde os eleitores negros representam cerca de 60% do eleitorado das primárias democratas.

Ninguém foi mais importante para esse processo do que seu velho amigo James Clyburn, o afro-americano do mais alto escalão no Congresso e líder dos democratas da Carolina do Sul. Durante o movimento pelos direitos civis, ele e John Lewis estiveram entre os primeiros líderes do Comitê Estudantil de Coordenação Não Violenta. Clyburn defendia algumas posições fortemente progressistas sobre redução da pobreza e a ampliação dos centros de saúde comunitários, mas acreditava tender ao centro. Quando falava com os jovens sobre política, gostava de dizer que conforme o pêndulo oscila da direita para a esquerda, e vice-versa, "sempre passa pelo centro". Quando seu centrismo deixou jovens ativistas negros insatisfeitos — como aconteceu recentemente, depois que ele tuitou contra "tirar o dinheiro da polícia" —, Clyburn apontou para uma exposição de centenas de esculturas de tartarugas em seu escritório, representando sua crença no progresso lento e constante.

Menos de uma semana antes da primária, Clyburn e Biden estavam em uma recepção a bordo do USS *Yorktown*, um porta-aviões aposentado ancorado perto de Charleston. Biden havia caído para o segundo lugar, muito atrás de Sanders. Clyburn o conduziu a uma sala privada e avisou, sem rodeios, que ele precisava se conter. "Seus discursos são *senatoriais*. Não é assim que você ganha uma eleição. Você tem de ver isso da maneira que meu pai, um pregador fundamentalista, fazia nas manhãs de domingo. Ele sempre pensava em termos de três. Não é Pai, Filho e Espírito Santo. É sobre 'você, sua família e sua comunidade'."

Sua urgência refletia um pragmatismo objetivo. Biden podia não entusiasmar as pessoas em Nova York ou no

Vale do Silício, mas na Carolina do Sul — onde um supremacista branco massacrou paroquianos negros logo após Trump anunciar sua candidatura —, o espectro de mais quatro anos de Trump era mais grave do que qualquer disputa política. Em 26 de fevereiro, Clyburn deu um endosso emocionado: "Tenho medo por minhas filhas e seu futuro, e pelos filhos delas, e pelo futuro dos filhos deles." E disse, tendo Biden ao seu lado: "Nós conhecemos Joe. Mas, o mais importante, Joe nos conhece."

Biden venceu na Carolina do Sul por 29 pontos. Com rapidez surpreendente, seus rivais desistiram e o apoiaram. Houve um grande aumento no comparecimento (quase 50% no Texas e 100% na Virgínia), incluindo muitos independentes suburbanos com educação universitária e republicanos que já haviam apoiado candidatos como Mitt Romney. Na Superterça, Biden venceu em dez dos 14 estados. Sanders insistiu um pouco mais, mas a disputa estava efetivamente encerrada.

Em apenas três dias, Biden havia passado da beira do esquecimento para a vitória. A reviravolta foi tão ab-rupta que produziu uma sensação de perplexidade e suspeita, especialmente entre os jovens observadores que haviam presumido que sua campanha estava condenada. Durante meses, mesmo enquanto ele permanecia como o líder nas pesquisas, eles rastreavam sua sorte por uma trilha de clipes de gafes e artigos sobre suas suaves afirmações de centrismo, populares nas redes sociais. Os adversários à direita e à esquerda disseminavam clipes de Biden dizendo palavras incompreensíveis para argumentar que ele era um velho acabado. (Em certo momento, uma análise de dados mostrou que Jill Stein, a ex-candidata do Partido Verde que tinha mais de 250 mil seguidores no Twitter, conseguiu empurrar #BidenCognitiveDecline para os *trending topics.*) Mesmo para aqueles que não viram nenhum desses ataques nas redes sociais, Biden muitas vezes parecia inferior a rivais mais jovens e mais eloquentes, como Pete Buttigieg, Kamala Harris e Amy Klobuchar.

Essas críticas nunca foram totalmente erradas. Afinal, Biden *tinha* mais do que o dobro da idade de Buttigieg e entrara na campanha politicamente fora de forma, após mais de três anos distante da vida pública. Mas as críticas nunca tiveram muito apelo junto ao público em geral. Para as pessoas que o ouviam havia anos, ele não parecia mais confuso do que antes. Ele não impressionava os jornalistas de esquerda mais jovens, mas eles não eram o grupo que escolhia os candidatos democratas.

Em termos puramente políticos, ele devia seu sucesso não apenas à ajuda de Clyburn, mas também à de Warren, que rapidamente despachou Bloomberg ao atacar seus comentários depreciativos sobre as mulheres. Bloomberg havia entrado tarde na disputa, com um discurso espalhafatoso voltado para os centristas, mas nunca descobriu como lidar com as críticas dos que eram hostis à ideia de um bilionário financiando a própria candidatura. Apesar desses fatores, o assessor de Biden Ron Klain disse que era errado sugerir que a virada foi um acaso — "como se ele de alguma forma tivesse dado sorte com tudo isso". Quando Biden se recusou a atacar seus oponentes no debate, foi "estratégia", segundo Klain. "Se a única maneira de conseguir a indicação fosse destruir todas as outras pessoas, ele herdaria um partido que não iria ganhar de qualquer maneira."

Os anos que Biden passou cultivando laços com outros democratas proeminentes valeram a pena, e de forma espetacular. Perguntei a Klobuchar por que ela endossou Biden tão rápido, e ela mencionou momentos específicos de suas negociações ao longo dos anos — a vez que ele elogiou um discurso durante o primeiro ano nervoso dela no Senado; o telefonema de consolo para uma amiga dela após uma morte na família. "Há muitas pessoas que amam Joe Biden e o conhecem bem. Temos a missão de vencer Donald Trump, e acreditava que, com a força e o apoio que me foi dado, qual era a melhor coisa que eu poderia fazer? Em vez de perder tempo com mais um debate, o apoiei totalmente. Alguém perguntou: 'Negociou algo?' E retruquei: 'Você está brincando? Não.'"

Um relato menos exagerado das primárias é que Biden se beneficiou do medo despertado tanto por Donald Trump quanto por Bernie Sanders. Uma vez que ficou óbvio que Biden estava em uma disputa a dois, a perspectiva de escolher Sanders era tão desagradável para os moderados — incluindo alguns outros candidatos, eleitores negros mais velhos em lugares como a Carolina do Sul e doadores com muito dinheiro — que eles se apressaram em apoiar Biden. Mas Biden também prevaleceu ao ignorar os ataques. Mesmo quando seus rivais diziam que ele era muito velho, muito conciliador e muito prejudicado por seu histórico, ele resistiu a responder com anúncios agressivos. Seus conselheiros acreditavam que ele poderia superar as "dúvidas das elites", disse Kate Bedingfield, a chefe de comunicações. "Não vamos passar o dia todo tentando vencer a última guerra no Twitter."

Em 1.º de junho, uma semana após o assassinato de George Floyd, saí de minha casa em Washington para uma manifestação no centro, em frente à Casa Branca. Depois de algumas noites de agitação na cidade, as coisas haviam se acalmado. Os manifestantes se revezaram no megafone.

Notei entre os cartazes improvisados um retrato de Floyd surpreendentemente bem feito. Estava nas mãos de Kandyce Baker, uma administradora de universidade de 31 anos que viera de sua casa para o comício em Frederick, Maryland. "Eu tinha que fazer alguma coisa", disse ela. Baker ficara abalada com a morte de Ahmaud Arbery, que em fevereiro foi perseguido por três homens brancos e morto a tiros enquanto corria em um subúrbio no sul da Geórgia. Maratonista e negra, Baker costumava percorrer bairros onde se sentia mal recebida. Perguntei a ela sobre a política federal. "Infelizmente, votarei em Biden. Meu candidato era Bernie Sanders. Não tenho fé que Joe Biden colocará em primeiro plano os problemas dos negros. Não sinto que ele colocará em primeiro plano os problemas da geração do milênio com relação às dívidas do financiamento estudantil. Estou nervosa."

Baker iria votar, mas seu nervosismo deixou claro o risco de outros jovens eleitores em potencial decidirem não votar. Para Biden, uma rejeição por jovens eleitores negros e latinos poderia ser um desastre. Quando Hillary Clinton concorreu em 2016, a participação negra diminuiu pela primeira vez em duas décadas. Em alguns lugares, como Milwaukee, a queda se revelou decisiva. "Vou votar nele porque Trump não pode ficar no cargo. Essa é literalmente a única razão", afirmou Baker.

Poucas horas depois de conhecê-la, o cruzamento onde conversamos estava tomado por policiais empunhando cassetetes e gás lacrimogêneo. Eles estavam lá para varrer os manifestantes de modo que Trump pudesse sair da Casa Branca e posar com uma Bíblia em frente à Igreja Episcopal St. John. Foi um espetáculo tão fortemente condenado que o general Mark Milley, chefe do Estado-Maior Conjunto, se desculpou publicamente por sua presença. O incidente pareceu acelerar mudanças ab-ruptas no clima nacional. Em poucos dias, a NFL, liga de futebol americano, deixou de condenar o gesto de ajoelhar durante o hino nacional. Livreiros de todo o país foram inundados com pedidos de livros sobre racismo e história negra. Mississippi retirou o símbolo confederado de sua bandeira.

Biden aproveitou o momento. Em um discurso em 4 de julho, pediu aos ouvintes que "arrancassem pelas raízes" o "racismo sistêmico" da vida norte-americana. Ele se juntou aos apelos pelo fim dos estrangulamentos por policiais, pela adoção de um parâmetro nacional para o uso da força e pela restrição da "imunidade qualificada", a proteção legal dos funcionários públicos contra processos federais por direitos civis. Os gestos de Biden emocionaram os progressistas, mas irritaram alguns policiais. Durante anos, ele mantivera relações amistosas com a Associação Nacional de Organizações Policiais, e seu diretor-executivo, Bill Johnson, lamentou dizendo que ele "costumava ser um cara corajoso".

Biden saltou à frente nas pesquisas, mas, como sempre, evitava tender demais para a esquerda. Enquanto Trump estivesse enlouquecendo os liberais com o que muitos consideravam uma campanha abertamente racista, Biden não correria o risco de afastar eleitores moderados. Trump já estava veiculando um anúncio que mostrava um telefone tocando em uma delegacia de polícia vazia e escura. O narrador dizia: "Se você está ligando para relatar um estupro, tecle um." O anúncio terminava com o novo slogan de Trump: "Você não estará seguro na América de Joe Biden."

Como a maioria dos líderes democratas, Biden rejeitava o slogan pedindo "reduzir as verbas" da polícia, um termo genérico para propostas que iam desde o fechamento de departamentos até a transferência das verbas para saúde mental, educação e serviços sociais. Ele disse, no entanto, que a polícia deveria receber financiamento federal apenas se atendesse aos "padrões básicos de decência e honra", e propôs gastar 300 milhões de dólares para revigorar uma antiga ideia de "policiamento comunitário". David Kennedy, professor do John Jay College of Criminal Justice, me disse que esperava que Biden adotasse uma abordagem mais nova para a prevenção da violência, focando não nas comunidades, mas nos indivíduos com maior risco de envolvimento com violência armada. Tal programa, aplicado nacionalmente, "poderia cortar pela metade a violência armada que assola as comunidades minoritárias da América, sem causar os danos do policiamento tradicional", explicou Kennedy.

Quando conversei com Biden sobre a perspectiva de uma mudança real — no encarceramento, no policiamento e no racismo institucionalizado —, ele fez uma analogia com a era dos direitos civis e o icônico e cruel chefe da polícia de Birmingham. "Quando eu estava no colégio, Bull

Connor lançava seus cães contra mulheres negras idosas indo à igreja com seus vestidos de domingo e contra crianças pequenas, usando mangueiras de incêndio para literalmente arrancar sua pele. Ele achava estar cravando uma estaca de madeira no coração do movimento pelos direitos civis." Em vez disso, as imagens da violência consolidaram o apoio a Martin Luther King Jr. e forçaram os líderes brancos em Washington a tomar medidas que levaram à Lei do Direito ao Voto de 1965. No relato de Biden, os brancos nos Estados Unidos estavam experimentando mais uma vez um despertar semelhante com as imagens horríveis de violência policial capturadas por telefones celulares. Levantando o telefone do braço da cadeira, ele afirmou: "Este telefone mudou muitas coisas. Ver o rosto de Floyd contra o meio-fio e seu nariz sendo esmagado, quero dizer, a vivacidade disso foi tipo: 'Santo Deus. Isso ainda acontece hoje?'"

Ele estendeu essa imagem de uma consciência nascente à pandemia da Covid-19. "As pessoas que puderam se isolar perceberam que a única maneira de comprar remédio na farmácia era se alguém enchesse aquela prateleira. Ou a do mercado. Alguém precisava entregar a correspondência. Alguém precisava garantir que a comida chegasse até elas. A equipe de emergência. E elas estão percebendo isso." À medida que o vírus se espalhava, o impacto se tornava mais pessoal. "Elas conhecem alguém que perdeu a vida. *Conhecem* alguém que teve Covid-19. Porque nos primeiros dois meses foi algo como: 'Bem, sim, é terrível, mas não *conheço* ninguém com isso.'"

Biden disse que a turbulência de 2020 derrubou um mito profundamente enraizado em sua consciência. Durante anos, ele contara uma parábola sobre a manhã da posse de Obama: "Liguei para meus dois filhos e minha filha e disse: 'Gente, não me digam que as coisas não podem mudar'", começou e, inclinando-se para a frente em seu assento, me disse que Trump havia exposto a falha daquela parábola. "Tenho vergonha de dizer, mas eu achava que era possível derrotar o ódio. Não é. Ele apenas se esconde. Ele rasteja sob as rochas e, quando recebe oxigênio de qualquer fonte com autoridade, volta rugindo. E o que percebi é que as palavras de um presidente, mesmo um péssimo presidente, são importantes. Elas podem levá-lo para a guerra, podem trazer a paz, podem fazer o mercado subir, podem fazê-lo cair. Mas também podem fornecer oxigênio ao ódio."

Durante uma campanha presidencial normal, um democrata tende para a esquerda durante as primárias e depois marcha para a direita nas eleições gerais. Biden foi na direção oposta. As pesquisas com os eleitores nas primárias deram um alerta: mesmo nos estados em que ele venceu, muitos eleitores preferiam os planos mais ambiciosos de Sanders e Warren em questões como economia e saúde.

Em algumas semanas, Biden havia adotado o plano de Warren para reduzir a dívida estudantil e rever a lei de falências — o que implicava revogar parte de uma lei que ele ajudara a aprovar. Ele abraçou uma versão limitada do plano de Sanders para uma faculdade gratuita e abandonou sua oposição ao financiamento federal para abortos. Quase um ano depois de garantir aos eleitores nervosos que "nada mudaria fundamentalmente", Biden disse que os Estados Unidos estavam prestes a passar por "algumas mudanças institucionais revolucionárias".

Assim que ficou claro que Biden garantiria a indicação, Sanders o apoiou — agindo muito mais rapidamente do que em 2016. "Tenho um relacionamento melhor com Joe Biden do que tive com Hillary Clinton", explicou Sanders com franqueza. Para unificar suas plataformas, Biden e Sanders criaram grupos de trabalho sobre justiça criminal, economia, educação, saúde, imigração e mudança climática. Esses grupos foram um teste crucial para saber se as facções de esquerda e de centro do partido poderiam se dar bem. Os dois lados estavam cautelosos. "Eu precisava ter certeza de que Bernie estava falando sério, que ele não faria disso uma *jihad* ideológica", contou Biden. "Eu disse: 'Bernie, se você quiser que isso seja feito para eu insistir em Medicare para todos... Não vai funcionar assim.' Mas completei: 'Estou aberto, estou ouvindo, estou pronto para ouvir.'"

Biden recrutou Ocasio-Cortez para presidir o grupo de trabalho climático ao lado do ex-secretário de Estado John Kerry. Entre os integrantes estavam Varshini Prakash, do Movimento Sunrise, o grupo de ação climática liderado por jovens que durante as primárias deu ao plano climático de Biden uma nota F. Na primeira reunião, Kerry pediu a Prakash para liderar. O pessoal de Sanders queria eletricidade totalmente limpa até 2030; mas ficou feliz em se conformar com 2035. O maior ponto de discórdia não resolvido era o fracionamento hidráulico. Biden se opõe a novos empreendimentos de petróleo e gás em terras e águas federais, mas, ao contrário de Sanders, não defendeu a proibição total do processo. "Não é como se eu tivesse saído de lá com o New

Deal Verde de Bernie nas mãos, e eu não esperava isso", disse Prakash. "Na verdade, foi muito mais colaborativo do que eu esperava."

Sean McElwee, um ativista influente que fundou o *think tank* sem fins lucrativos Data for Progress, criticou Biden ferozmente no início da campanha. Mas em julho sua opinião havia mudado. "Acho que muitas pessoas que atacam o Partido Democrata não passam muito tempo conversando com os atores principais no ecossistema do partido. A realidade é que esse ecossistema é muito liberal. Acho que as pessoas deveriam recuar um passo e ver o que Biden fez", sugeriu ele. "Alexandra Ocasio-Cortez é alguém de quem gosto muito. Ela disse que não votaria nele nas primárias e que em um país diferente estaria em um partido diferente do dele. E ele poderia ter respondido a isso com um foda-se. Mas em vez disso ele respondeu com um 'Que tal você ser a responsável pela minha política climática?'"

Em um dia de semana no final de julho, Biden estava em uma pré-escola em New Castle, Delaware, preparando-se para falar sobre economia. As escolas estavam fechadas havia meses por causa do vírus. No playground, os balanços estavam enrolados e fora de alcance. Lá dentro,

Biden comandava um simulacro de evento de campanha que parecia uma cena de uma peça de vanguarda: sem multidões, sem cumprimentos, apenas alguns repórteres dispersos, cada um de nós mascarado e isolado em um círculo de papelão branco. O sistema de som tocava Alicia Keys e Beyoncé para um grupo silencioso reunido.

A paralisação econômica produzira o que Jerome Powell, presidente do Federal Reserve, chamou de "nível de dor difícil de expressar em palavras". Quarenta por cento dos americanos de baixa renda que tinham empregos em fevereiro os perderam em março e no início de abril. Doze anos depois da crise financeira, o vírus explodiu novamente a mitologia de autossuficiência dos Estados Unidos empresarial. Alguns dos maiores recursos de um pacote de resgate do Congresso destinado a pequenas empresas foram para o setor financeiro. Milhões de dólares em dinheiro de emergência foram para os "escritórios familiares", as empresas de investimento pessoal que administram fortunas para bilionários de fundos de hedge e outros indivíduos ricos.

Biden subiu ao palco para anunciar um investimento de 775 bilhões de dólares na economia dos cuidados básicos, com recursos para a pré-escola universal, cuidados domiciliares para idosos e licença familiar remunerada, do tipo que é rotina em outras nações desenvolvidas. O plano visava as necessidades dos norte-americanos que se esforçam para equilibrar trabalho e cuidar dos filhos e, frequentemente, de pais idosos. "Fui pai solteiro durante cinco anos", comentou Biden com os repórteres. "Embora tenha tido muito mais ajuda do que muitas das pessoas passando por dificuldades hoje, foi difícil." O plano, segundo ele, era "um imperativo moral e econômico". Seria financiado em parte pela redução dos incentivos fiscais da era Trump para investidores imobiliários. Ai-jen Poo, que comanda a National Domestic Workers Alliance, tuitou dizendo que a proposta de Biden foi a primeira vez em vinte anos que um candidato à presidência fez dos "investimentos na economia dos cuidados básicos uma estratégia central de sua agenda econômica. Não é um problema secundário, um complemento ou um interesse especial". Um porta-voz da campanha de Trump respondeu à proposta dizendo que ela "mudaria os Estados Unidos com políticas socialistas".

O plano de assistência foi o último de uma série de discursos nos quais Biden propôs mudanças econômicas radicais. Ele planejava gastar 700 bilhões de dólares em produtos e pesquisas norte-americanos, para criar empregos em setores desde carros elétricos a inteligência artificial e outras tecnologias, sem os impostos e a xenofobia da política "América em Primeiro Lugar" de Trump. E havia anunciado um plano de energia limpa e infraestrutura de 2 trilhões de dólares que eliminaria as emissões de carbono das usinas de energia até 2035.

Apesar de todo o zelo *rooseveltiano* de Biden, não ficava óbvio até onde ele iria nas questões explosivas sobre riqueza, impostos e exploração empresarial. Em um evento de arrecadação de fundos em julho organizado por investidores e executivos, ele disse: "A América empresarial tem que mudar seus hábitos." Em seguida, acrescentou um comentário que inflamou os progressistas: "Isso não vai exigir uma legislação. Não estou propondo nenhuma." Quando conversamos, perguntei o que ele queria dizer com nada de legislação. "Na verdade, isso é um atalho." Conforme explicou, a liderança empresarial dos Estados Unidos reconhecia a necessidade de mudanças fundamentais. Ele citou a Business Roundtable, um grupo de CEOs que no ano anterior anunciara o abandono da atenção fundamental no valor para o acionista. Ele disse: "Todas essas pessoas entenderam que estão comendo suas próprias sementes de milho."

No entanto, ele me disse que pressionaria por uma legislação: uma medida proposta por Warren para proibir as empresas de usar receita excedente para comprar as próprias ações, em vez de investir em aumentos salariais ou em pesquisa. "O que eles precisam entender é que têm uma responsabilidade. Como Barack disse quando estávamos concorrendo: 'Você não construiu isto sozinho.' Aquele trevo rodoviário de 20 milhões de dólares, nós colocamos lá. Isso ajuda a todos. Tenho conversado com um grupo de economistas, dizendo: 'Quais são os tipos de legislação que exigem maior responsabilidade empresarial?' Isso é necessário."

Senti que Biden se esforçava para dizer o mínimo possível sobre sua visão econômica, o que parecia ser menos uma questão de evasão tática que de incerteza ideológica. Ele estava enfrentando um momento de complexidade política e econômica quase impossível — o candidato de um partido que marchava gradualmente para a esquerda e desesperado para conquistar moderados e republicanos que tinham medo dessa marcha. Biden era mais do que sentimentalmente apegado à classe trabalhadora, e estava adotando algumas soluções tecnocráticas de esquerda que a ajudariam. Mas não deu nenhuma indicação de que estava se preparando para uma luta amarga e custosa para derrubar o primado do *establishment* empresarial. Como disse Maurice Mitchell, do Working Families Party: "Já investimos trilhões de dólares na economia com resgates após resgates. Estamos apoiando os sistemas que nos trouxeram aqui?"

De maneiras que ninguém poderia ter previsto, a campanha de 2020 estava se configurando como um referendo não apenas sobre a aptidão moral de Trump, mas sobre a arquitetura do poder norte-americano — um sistema que Biden ajudou a desenvolver e refinar ao longo de meio século de vida pública. Quando a corrida entrou nos meses finais, o objetivo estreito de substituir Trump não era mais suficiente. Biden estava despertando para a escala de uma emergência ainda maior do que ele havia imaginado.

Capítulo 8

PLANEJANDO UMA PRESIDÊNCIA

"AS PESSOAS ME PERGUNTAM: 'BEM, O QUE VOCÊ VAI FAZER se for eleito?'", começou Biden, elevando um pouco as mãos para os lados. Ele responde à própria pergunta: "Depende do que ganhei. Não é brincadeira. Não estou sendo um espertinho. As coisas podem piorar muito."

Com a chegada do outono, a pandemia continuou a se espalhar de forma implacável. Os Estados Unidos permaneceram com o pior desempenho do mundo, com mais de seis milhões de casos e um ritmo de contaminação que quase não havia diminuído. A contagem diária de mortes em agosto foi mais do que o dobro da média do início de julho. Qualquer vacina ainda iria demorar meses.

Nessas circunstâncias, a campanha dele estava preparando uma transição diferente das outras, começando pela perspectiva de uma posse com distanciamento social. ("Você não precisa de uma multidão", disse Biden.) Usando ordens executivas, ele poderia, quase que imediatamente, tomar medidas para retornar à Organização Mundial da Saúde e ao Acordo Climático de Paris e eliminar as restrições impostas por Trump a imigrantes de países muçulmanos.

Enquanto isso, seus estrategistas estavam desenvolvendo um cronograma extraordinariamente rápido para legislar. "A estratégia é: vá rápido, seja ousado", explicou Jake Sullivan, um dos principais consultores de políticas públicas. "Não caia na armadilha de pensar que temos que colocar as coisas em uma sequência, seguindo cálculos políticos tradicionais, porque estes são tudo menos tempos tradicionais." Em circunstâncias normais, um presidente se apressa em conseguir vitórias legislativas nos primeiros dois anos, enquanto ainda há o brilho do triunfo e reveses ainda não mudaram a composição do Congresso. "Ele não está pensando em termos de dois anos, está pensando em termos de poucos meses", concluiu Sullivan.

Apesar de todas as odes de Biden a Roosevelt, os ambientes políticos de ambos pouco tinham em comum. A Washington moderna é muito mais oposicionista e antagônica do que na época de Roosevelt, o que poderia frustrar qualquer tentativa de fazer mudanças radicais em cuidados de saúde, mudanças climáticas e outras questões. Para evitar isso, Biden e seus conselheiros conceberam estratégias que vão desde cortesia e charme até "terra arrasada", como me contou um dos seus estrategistas.

A abordagem dependia de qual partido conquistasse a maioria das cadeiras no Congresso. Se os republicanos mantivessem o controle do Senado, Biden suspeitava que conseguiria atrair alguns republicanos moderados para se juntar a ele e aos democratas em acordos que envolviam questões populares como investimento em infraestrutura. Embora os progressistas satirizassem essa ideia como sendo ingênua, Biden e seus conselheiros acreditavam estar certos, como estiveram nas primárias. "Os sábios diziam que, para começar, Biden não venceria. Todos aqueles que votam são jovens e liberais, e ele é velho e antigo", disse um assessor. "Bem, Biden conseguiu unificar o partido mais depressa do que pensávamos ser possível."

Não importando qual partido controlasse o Congresso, Biden provavelmente priorizaria certos objetivos progressistas — como aumentar o salário mínimo e tomar medidas drásticas para lidar com a mudança climática —, ao mesmo tempo evitando propostas mais polarizadoras, como descriminalizar a fronteira ou estender o Medicare gratuito a imigrantes sem documentos.

Alguns analistas acreditam que a reputação de centrista de Biden poderia tornar mais fácil para ele conseguir mudanças que pareceriam mais ameaçadoras se propostas por um progressista doutrinário. Em uma pesquisa de Sean McElwee, o pesquisador progressista, os eleitores indecisos eram mais propensos a apoiar ações contra a mudança climática se apresentadas como uma forma de criar bons empregos e reduzir os custos de energia, em vez de uma obrigação moral para com as futuras gerações.

Nesse sentido, pessoas do círculo de Biden o comparavam a Lyndon Johnson, que usou suas décadas de experiência legislativa na Câmara e no Senado para produzir mais avanços liberais do que Kennedy, o símbolo do dinamismo e da mudança geracional. "Johnson pode não ter sido o democrata mais consciente, mais legal e mais descolado, mas foi ele quem fez a maior legislação de justiça social progressiva desde Roosevelt", argumentou Ron Klain, conselheiro de Biden. "E conseguiu isso por causa de duas coisas: ele levou consigo um punhado de democratas em 1964, então tinha uma maioria forte, e sabia como fazer o Senado funcionar."

Mike Donilon, que assessorou Biden de modo intermitente por trinta anos, me disse que este rejeita o argumento usual de que a distância entre republicanos e democratas aumentou a tal ponto que mesmo a negociação básica é impossível. "Embora possa soar ou parecer que estamos em campos separados, não é assim que ele exerceria a presidência. Você tenta trabalhar com o outro lado. Tenta ouvir de verdade. Não começa dizendo: 'Não confio nessa pessoa. Não tenho nada em comum com eles'", disse Donilon, acrescentando que Biden acredita que as pessoas em Washington muitas vezes negociam de maneira errada: "Todo mundo vai aos pontos mais difíceis da negociação. Tipo: 'Temos que resolver isso antes de resolver qualquer outra coisa.' Então você não resolve aquilo, e não resolve mais nada. Isso não significa que você abre mão de princípios, mas você tem de pelo menos ouvir." Ele sabe que as pessoas acham esse pensamento ingênuo. "Talvez tal ideia se choque contra um muro de pedra, embora eu ache que o desejo no país por sinais de cortesia e compromisso vá ser bastante alto. Por muito tempo, os democratas disseram a Biden:

'Você está vivendo em outro mundo. Isso não existe mais.' Meio que sinto que o país está em um momento em que vai querer isso."

Algumas das falas de Biden e Donilon sobre moderação refletiam certa prudência pré-eleitoral — uma necessidade de atrair moderados e republicanos insatisfeitos. A realidade mais dura era que, mesmo que os democratas conquistassem três cadeiras no Senado, garantindo o controle das duas casas do Congresso, ainda poderiam precisar recorrer à força política bruta. Eles poderiam, por exemplo, usar uma regra orçamentária chamada "reconciliação" para aprovar leis com maioria simples no Senado, tática que Trump e os republicanos do Congresso usaram para conseguir a revisão fiscal de 2017. Em um movimento mais dramático, muitos democratas frustrados estão ansiosos para acabar com a obstrução, uma tradição do Senado que impede o avanço de projetos de lei ao forçar um lado a reunir uma supermaioria de sessenta votos. Mesmo democratas tradicionais estavam desesperados por mudanças — em julho de 2020, Obama se juntou aos apelos pela abolição da obstrução, argumentando que isso permitiria aos democratas fazer mudanças ousadas nas regras eleitorais, como fazer o registro eleitoral automático dos norte-americanos, estabelecer o dia da eleição como feriado federal, dar representação igual aos cidadãos da capital Washington e Porto Rico e acabar com a divisão desigual dos distritos eleitorais.

Quando conversei com Obama em julho, ele enfatizou sua crença em que os democratas não podiam mais se dar ao luxo de fazer tentativas infrutíferas de consenso: "Uma das coisas que acho que todos nós que acreditamos na democracia temos de enfrentar é a evidência crescente de que o Partido Republicano tomou a decisão de mudar sua forma de agir de um modo que torna muito difícil o funcionamento da democracia. E parte disso é reconhecer que, se a democracia não está funcionando, se houver impasse, partidarismo amargo e divisão, isso desestimula e reprime nossos eleitores mais que os deles. E eles não necessariamente se importam se o governo for paralisado."

Biden foi mais conservador. Ele não chegou a endossar o apelo de Obama pela abolição da obstrução — o maior ponto de divergência tática entre eles. Os democratas, disse ele com cautela, deveriam "estudar" a eliminação ou modificação da obstrução, mas somente se os republicanos se mostrassem "descontrolados". Quando a juíza Ruth Bader Ginsburg morreu, em setembro, a perspectiva de uma reaproximação partidária pareceu diminuir ainda mais.

Entre os desafios particularmente delicados que Biden enfrentaria ao chegar à Casa Branca estaria a questão de como lidar com o próprio Donald Trump. O cidadão Trump representaria desafios políticos e jurídicos. Mesmo antes da eleição, ele disse a seus partidários que só poderia perder se a eleição fosse "fraudada". Os democratas, traçando estratégias para o futuro próximo, levaram em conta a possibilidade de que Trump incitasse distúrbios. Os assessores de Biden não tiveram escolha a não ser discutir cenários antes considerados absurdos. "As pessoas sugeriram a ideia de que ele iria se acorrentar à cama no quarto de Lincoln e se recusar a partir", me disse um dos principais assessores de Biden. Na prática, eles esperavam que a ampla máquina do Estado rejeitasse qualquer tentativa de ocupação na Ala Oeste. "Segundo a Constituição, em 20 de janeiro o próximo presidente assume o poder, e então tem todos os instrumentos de governo à sua disposição", explicou o assessor, em uma referência direta aos militares e à polícia. Em um desafio mais provável, como um governo Biden reagiria a um tipo diferente de pressão: a cobrança — crescente antes mesmo da eleição — para responsabilizar legalmente o governo de seu antecessor por corrupção, negligência e má gestão?

Kevin Kruse, historiador de Princeton, conclamou Biden a fazer uma investigação sobre a forma como o governo lidou com a pandemia, com base na Comissão Pecora, uma investigação do Senado sobre as causas da crise de 1929. Batizada em homenagem ao principal investigador, Ferdinand Pecora, a investigação expôs a enorme corrupção no alto escalão de algumas das instituições mais respeitadas dos Estados Unidos, com banqueiros se concedendo bônus secretos e distribuindo ações a preços abaixo do mercado para listas sigilosas de clientes de elite. As revelações geraram apoio público para amplas reformas econômicas e políticas sob o New Deal de Roosevelt, incluindo a criação da Securities and Exchange Commission, a comissão de valores mobiliários. Kruse disse: "Há precedentes. Tradicionalmente, quando algo dá terrivelmente errado, ainda mais quando milhares de norte-americanos morrem, há uma grande investigação, como a Comissão do 11 de Setembro."

Kruse esperava que uma comissão da Covid-19 também levasse a uma investigação mais profunda do que ele considerava corrupção e negligência na era Trump. "Isso vai ser mais difícil de vender politicamente, porque alguns classificarão um esforço de responsabilização como pouco mais do que uma vingança política." O governo Obama não processou grandes emissores de empréstimos tóxicos ou derivativos, nem torturadores comandados pela CIA, principalmente porque Obama preferia, como disse na época, "olhar para a frente em vez de para trás". Kruse classificou isso como um erro. "Cada vez que fazemos isso, cada vez que confundimos responsabilidade básica com vingança infundada, invariavelmente pagamos um preço mais tarde. Quando transgressores que deveriam ser responsabilizados se safam, retornam a funções de importância pública depois, e fortalecidos, porque sabem que já se safaram antes. Se você não responsabiliza as pessoas, isso prejudica a fé em nossas instituições, porque alguns podem dizer, com toda a razão: 'Bem, fui para a prisão por algo pequeno. Essas pessoas fizeram muito pior, mas escaparam impunes.'"

Biden rejeitou a ideia de processar indivíduos específicos — "Isso ficará a cargo dos profissionais do

Departamento de Justiça" —, mas depois que Trump afastou o investigador designado para supervisionar a resposta à pandemia, ele prometeu nomear um investigador para estudar o programa de estímulo de 2,2 trilhões de dólares aprovado pelo Congresso em março. "Nós encontraremos qualquer dólar desviado ilegalmente, recuperaremos e puniremos os malfeitores", disse. Esse investigador poderia encaminhar suspeitas de atividades criminosas ao Departamento de Justiça, no que Biden chamou de uma advertência "a qualquer um que participe das destinações corruptas do presidente Trump e seu governo".

Quando falei com Pete Buttigieg sobre responsabilizar Trump, ele argumentou que os norte-americanos jovens tendem menos a considerar uma virada de página — como o perdão concedido por Gerald Ford em 1974 a seu predecessor, Richard Nixon — um ato nobre de recomeço. "Acho muito interessante a ideia de uma comissão. O que quer que aconteça deve ser organizado de forma que possibilite ao Partido Republicano deixar o trumpismo e compreender como foi sequestrado por ele. Não pode ser apenas uma questão partidária da justiça do vencedor. Tem que dizer respeito a cura nacional, valores e normas."

A crítica de que o governo Obama não fez o suficiente para responsabilizar seus antecessores foi surpreendentemente popular, mesmo entre algumas das autoridades envolvidas na época. Um dos assessores de Obama me disse: "A lição dos primeiros anos de Obama é que não se ganha nada não responsabilizando as pessoas. Você não precisa de processos com motivações políticas, é claro, mas se há uma razão para o estado de direito responsabilizar as pessoas, então isso deve ser permitido. Não ganhamos pontos nem com os republicanos nem com a comunidade empresarial ao não seguir com os processos, e provavelmente perdemos a oportunidade de atribuir a quem cabia a culpa pelos desastres econômicos e de segurança nacional que Obama herdou."

Nos primeiros cem dias de um governo Biden, enquanto tentava definir sua agenda, ele não estaria lutando apenas com oponentes da direita — teria pelo menos a mesma probabilidade de enfrentar resistência dentro do próprio partido. Em agosto, o Sunrise Moviment, o grupo de mudança climática, enviou um tweet a "lideranças democratas", prometendo ser uma fonte persistente de críticas mesmo após a saída de Trump: "Biden é apenas uma ferramenta para expulsar Trump da Casa Branca. Preparem-se para quatro anos infernais com uma geração de jovens irados." Para entender quais métodos ele poderia empregar para unir as distintas facções de seu partido, de centristas à ala Ocasio-Cortez, me encontrei com Michael Kazin, historiador e coeditor do jornal esquerdista trimestral *Dissent*, para uma entrevista com distanciamento social em um parque da capital Washington. Ficamos em extremidades opostas de uma mesa de piquenique, como espiões em um romance sobre a Guerra Fria.

"Obama aumentou as expectativas das pessoas", disse Kazin. "As pessoas da esquerda, para usar essa expressão genérica demais, diriam: 'Gostamos do que ele prometeu fazer, mas ele não cumpriu.' A questão era quanto foi culpa dele, quanto foram dificuldades estruturais e o quanto foi o momento e o que ele teve que fazer para salvar a economia." E concluiu: "Parte disso é porque ele acreditava em acordos suprapartidários. Acho que ele supervalorizava sua habilidade de persuadir as pessoas se valendo de sua personalidade e sua retórica."

Kazin argumentou, para minha surpresa, que os jovens progressistas apoiariam elementos da agenda de

Biden mais prontamente do que sugere a retórica mais inflamada deles. "Muitas pessoas de esquerda, em especial os jovens de esquerda, acham que o Partido Democrata deve ser dilacerado e administrado por Ocasio-Cortez e pessoas como ela. Mas, estrategicamente, elas entendem que essa ainda não é a posição das pessoas." Segundo ele, elas "estão trabalhando para eleger democratas de esquerda que tentarão conseguir Medicare para todos, universidade gratuita, melhores moradias públicas, reforma das forças policiais ou até mesmo redução de fundos. Todas essas são reformas radicais necessárias, mas ainda são reformas". Kazin citou um artigo recente na *Dissent* pedindo o voto obrigatório, como na Austrália. "Isso não vai acontecer, mas, se acontecesse, seria incrível", disse. Para ele, explorar essas ideias faz parte do trabalho de uma oposição leal. "Bem, somos uma revista radical. Temos que falar sobre coisas assim. Também não acho que iremos cortar verbas da polícia, mas sou a favor de que as pessoas falem sobre isso."

Para manter a esquerda em uma coalizão, disse Kazin, Biden precisará continuar com os planos de dobrar o salário mínimo e facilitar a formação de sindicatos. "Isso não vai acontecer de uma só vez. Mas os sindicatos, mesmo aqueles que apoiaram Bernie, agora o apoiam porque veem que isso pode ser muito bom. Biden percebe algo que Obama de algum modo não entendeu, que os sindicatos são uma parte necessária da base democrata", explicou. "Se você tiver mais membros de sindicatos, os democratas se sairão melhor. Você pode ver isso entre os eleitores brancos: os eleitores brancos sindicalizados votaram em Clinton, enquanto os eleitores brancos não sindicalizados votaram esmagadoramente em Trump. É uma grande diferença." Acima de tudo, segundo Kazin, se Biden quiser cumprir a promessa rooseveltiana, precisará se concentrar em restaurar a fé dos norte-americanos, de qualquer estirpe política, em que o governo pode atender às suas necessidades. "O governo funcionou na década de 1930. O governo funcionou durante a Segunda Guerra Mundial. É por isso que as pessoas acreditaram, e é por isso que continuaram elegendo liberais ou republicanos moderados", comentou, notando que hoje em dia a confiança foi perdida. "Você precisa convencer as pessoas de que o governo pode fazer o que diz que fará. As pessoas à esquerda apenas presumem: 'Medicare para todos, as pessoas vão adorar!' Bem, sim. Se funcionar."

Obama endossou essa posição. Ele previu que os progressistas aceitariam alguma flexibilidade se ela produzisse resultados. "Não acho que eles estarão procurando pontos específicos na relação de políticas. O que vão querer ver é se mostramos que podemos fazer a máquina do governo funcionar para refletir aquilo em que acreditamos e o que nos preocupa. Mostrar que, se a maioria dos norte-americanos apoiar alguma ação relativa à mudança climática, podemos fazer algo, e que isso não vai ser reduzido a nada quando chegar ao Senado ou à Câmara dos Estados Unidos."

Um método pelo qual Biden poderia obter o apoio da esquerda seria colocando progressistas em cargos importantes de seu governo. Um conselheiro sênior de Sanders me disse: "Francamente, se você olhar para os dois governos Obama, não havia internamente muito desafio progressista. Onde estava a voz interna dizendo 'Ei, você está cedendo demais. Tem de lutar contra esses bastardos'?" Em um governo Biden, continuou: "Pode ser no gabinete. Pode ser o pessoal ao redor dele. Se ele representa uma ala definida do Partido Democrata — o sistema —, então cabe aos que têm o poder dizer: 'Ok, que esforços você deseja fazer para chegar àqueles que perderam?'"

Biden fez alguns gestos nessa direção. Durante anos, confiara em um pequeno grupo de assessores, incluindo Donilon, Klain e Kaufman — uma formação que a revista *Politico* descreveu no ano passado como "muito parecida com Biden: velha, branca e com longa experiência nas batalhas do Partido Democrata de uma era passada". Mas esse retrato ignorava nomes como Symone Sanders, uma ex-assessora de Bernie Sanders de trinta anos que estava entre os mais influentes assessores negros na campanha de Biden. Biden reconheceu que atender às necessidades do país exigiria uma expansão radical das pessoas e das experiências representadas ao seu redor. "Acho que é muito importante, muito, muito importante, que meu governo se pareça com o país", disse ele, que esperava ser lembrado como alguém que "trouxe consigo uma quantidade enorme de pessoas talentosas que de outra forma não teriam a chance ou a exposição".

Eu ficava surpreso ao ver que democratas moderados tendiam a descrever o abismo ideológico no partido como um nível administrável de desacordo. Quando sugeri a Klobuchar, a democrata moderada de Minnesota, que Biden poderia ter problemas para manter o apoio da esquerda, ela retrucou: "Não acredito." O verdadeiro abismo era entre as pessoas que apoiam ou se opõem a Trump. "O abismo dentro de nosso próprio partido não é tão grande. Veja o projeto de reforma da polícia na Câmara e no Senado. Um monte de moderados na Câmara e das áreas rurais apoiou esse projeto."

Apesar de toda a retórica que saiu da conta do Twitter do Sunrise Moviment, Prakash, uma das fundadoras do grupo, me disse que via a presidência de Biden como uma oportunidade. "Temos que fazer com que esse cara seja eleito presidente e passar da esfera da política para a do poder. Coisas progressivas aconteceram neste país sob presidentes bastante moderados, na hora certa e no lugar certo. Criamos a agência de proteção ambiental no governo Nixon! Criamos o sistema de rodovias interestaduais com Eisenhower." Ela sorriu. "O segredo é não se tornar complacente ou superior. Encontre um lugar bom e forte nesse intervalo."

Durante o verão, enquanto Trump despencava nas pesquisas, Biden alcançou números inigualados por qualquer desafiante a um titular desde o advento das pesquisas modernas. Mesmo após usar a Casa Branca como cenário para eventos de campanha, Trump não deu o salto habitual nas pesquisas. Biden costumava dizer que estava tentando "unificar a nação". Mas o que isso significava? A busca da unidade era uma receita para a paralisia?

A perspectiva de unidade ajudara a colocar Obama na Casa Branca. Mas a atração pelo conceito diminuíra. "O eleitorado de Obama, aquela legião de norte-americanos inocentes, cresceu", disse Mitchell, do Working Families Party. "Eles são mais céticos. Estão endurecidos. Fazem mais perguntas, querem mais informações. As pessoas querem entender quais são os detalhes da proposta. Elas entram na internet, leem os projetos e os examinam", explicou. "Portanto, Biden precisa dizer: 'Se tomarmos o Senado, essas coisas acontecerão. É assim que meu gabinete será, e essas são as decisões da era Trump que reverteremos.' Você não pode falar de forma genérica."

Quando perguntei a Obama o que esperava que acontecesse, ele estava passando parte do verão em sua casa em Martha's Vineyard, trabalhando em suas memórias da presidência. Ele apoiara Biden logo depois da desistência de Sanders, e desempenhara um papel público pequeno na campanha — aparecendo ao lado do candidato em uma conversa por vídeo e em um evento de arrecadação de fundos. Ele e Biden falavam com frequência por telefone, embora não chamassem muita atenção para isso. Afinal, Trump teria adorado retratar o governo Biden como uma secreta restauração dos anos de Obama. Pouco antes, Obama chamara atenção por um discurso empolgante no funeral de John Lewis, falando a democratas acossados sobre uma era de otimismo em grande medida esquecida.

Indaguei sobre os jovens desanimados pelo *establishment* democrata não ter avançado mais. Ele deu o exemplo dos cuidados de saúde. "Joe e eu estávamos dolorosamente cientes de algumas das dificuldades e limitações. Mas é o que podíamos fazer, e mais de vinte milhões de pessoas obtiveram seguro-saúde", argumentou. "Missouri acabou de expandir o Medicaid, então talvez sejam várias centenas de milhares a mais. E agora há a oportunidade de melhorá-lo. Portanto, acho que uma resposta para a geração mais jovem é: Sim, você deve se esforçar mais! Porque é assim que o progresso acontece."

Obama recusa a sugestão de que seu governo estava disposto demais a ceder. "Minha agenda legislativa, a agenda legislativa de Joe, era pelo menos tão ousada e agressiva quanto muitas das agendas dos jovens de agora. Se você perguntasse a Joe e a mim quais arrependimentos podemos ter ou quais lições aprendemos com meu governo, não é termos sido insuficientemente ousados no que propusemos", defendeu-se. "É termos continuado a acreditar na capacidade dos republicanos no Congresso de seguir as regras e se dispor a negociar e ceder."

Quando concorreu à reeleição em 2012, Obama esperava que uma vitória levasse a um Congresso mais simpático. "A febre pode diminuir", disse ele na época, "porque o Partido Republicano tem uma reputação de mais bom-senso do que isso". Essa esperança morreu. "Quando falo com os jovens, digo: Vejam, nossas propostas climáticas eram muito agressivas, não conseguíamos aprová-las. E o motivo disso não foi porque lobistas e donos de empresas sussurravam em nossos ouvidos! O motivo foi porque não tínhamos sessenta votos no Senado. E o mesmo vale para conseguir cuidados de saúde públicos e aprovar a reforma da imigração", explicou Obama, continuando: "Por meio de suas ações, o Partido Republicano desacreditou as negociações e os acordos ao velho estilo que existiam no Congresso quando Joe foi eleito pela primeira vez. E ele demorou um pouco para se dar conta disso, porque ele tem experiência suficiente para fechar acordos. E acho que tem sido doloroso para ele ver o que aconteceu com instituições como o Senado."

Biden argumentou com frequência que os Estados Unidos "não podem funcionar sem conseguir consenso". Mas, quando ele evocava uma imagem de harmonia no Congresso, muitos norte-americanos mais jovens achavam que ele estava iludido ou, pior, sem vontade de travar lutas difíceis. Ele foi ridicularizado em 2019 por sugerir que os congressistas teriam uma "epifania" após a partida de Trump. Para ele, porém, as perspectivas do suprapartidarismo dependiam da margem de vitória. "Se vencermos e conseguirmos cinco ou seis cadeiras no Senado, acho que *haverá* uma epifania, porque tudo o que você precisa então é de três, quatro ou cinco republicanos que vejam a luz." E continuou: "Acho que você não pode subestimar o impacto de Trump não estar lá. A vingança, a mesquinhez, a disposição de, às próprias custas, perseguir pessoas com vinganças, como você viu no caso do Sessions." Jeff Sessions era o ex-procurador-geral, a quem Trump ajudou a torpedear nas últimas eleições primárias do Alabama.

Um alto funcionário do governo Obama com quem conversei durante o verão parecia se preocupar que o otimismo de Biden pudesse custar caro: "Ele vê seu papel como alguém que pode atrair os 'Trump Nunca' e construir algum consenso bipartidário? Sei por experiência própria que essa é uma armadilha. Nós caímos direto nela. Seu pessoal perde a fé, os republicanos nunca lhe dão crédito, e você perde muito tempo — e acaba com o Tea Party."

Em agosto, enfrentando um dos testes mais reveladores de sua campanha, Biden fez uma escolha que dizia muito: Kamala Harris, a senadora novata da Califórnia, como sua companheira de chapa. Naquele momento, ele estava defendendo a diversidade racial e étnica acima da diversidade ideológica. Ela seria a primeira pessoa negra, a primeira do sul da Ásia e a primeira mulher vice-presidente. Como Biden, ela nunca foi a preferida dos progressistas. Embora tivesse um dos registros de votação mais liberais do Senado, os progressistas ficavam desconfortáveis com muitas de suas escolhas como promotora de justiça de São Francisco e como procuradora-geral da Califórnia, quando hesitou em fazer algumas reformas na polícia e agiu duramente contra a evasão escolar.

Ao lado de Biden durante o anúncio, Harris mostrou apetite para a briga, dizendo sobre a economia de Trump "como tudo o mais que herdou, ele arrasou com ela" e o atacando pelo fato de que "um norte-americano morre de Covid-19 a cada oitenta segundos". Trump e seus aliados lutaram para definir como atacar. Zombaram da voz dela e de seu nome e, em um e-mail para partidários, a chamaram de "mais cruel, mais horrível, mais desrespeitosa, MAIS LIBERAL que qualquer outra pessoa no Senado norte-americano".

Após o anúncio, liguei para Kandyce Baker, a administradora de universidade que conheci em um comício e se descrevera como "infelizmente" apoiando Biden. Baker ficou satisfeita por ter uma mulher negra na chapa, mas desconfiou dos cálculos políticos. "Sou totalmente a favor de candidatos que mudem de posição ou reconheçam erros, tipo 'isso foi em 2015, e agora tenho mais informações'. Mas preciso que Kamala explique o que aconteceu. Não é suficiente apenas dizer que foi algo que evoluiu."

Quando Harris falou na Convenção Nacional Democrata, no final de agosto, ofereceu mais incentivo do que explicações. "Estou muito motivada por uma nova geração. Vocês estão nos pressionando a tornar realidade os ideais de nossa nação." Harris estava começando a definir um papel no governo Biden. Era improvável que ela fosse o elemento de ligação com o Congresso que Biden havia sido para Obama, porque Biden faria isso ele mesmo. Em vez disso, ela demonstrou potencial para ser uma ponte com eleitores mais jovens e de maior diversidade, e uma grande defensora dos valores do governo em oposição ao trumpismo, começando por um debate contra o vice-presidente Mike Pence. Biden se orgulhava de ter sido um vice-presidente leal, e Harris teria de administrar seu novo status de aparente herdeira do partido sem irritar seu chefe.

A convenção do partido, como tantas coisas naqueles dias, foi confinada a telas, mas as restrições só acentuavam a sensação de urgência pessoal. Obama fez um apelo empolgante aos norte-americanos, especialmente aos jovens, para que rejeitassem o ceticismo e a apatia. "É assim que uma democracia se esvai até que não exista mais, e não podemos deixar isso acontecer." Em sua narrativa, o individualismo implicava responsabilidade, não liberdade de ação. "Não deixe que eles tirem o seu poder", alertou.

Foi tudo um prelúdio para a defesa séria por Biden de decência moral, racionalidade, luto pelo que ele chamou de "temporada de trevas". Em um discurso em que não mencionou Trump pelo nome, Biden argumentou que os norte-americanos não são escravos das falhas do passado ou do presente. "Vou apelar ao melhor de nós, não ao pior", declarou e citou Ella Baker, o ícone dos direitos civis, que havia dito: "Dê luz às pessoas e elas encontrarão um caminho."

Uma após outra, pessoas comuns falaram de suas dificuldades. Kristin Urquiza, uma mulher de 39 anos do Arizona, contou a história do pai, Mark Anthony Urquiza, que votou em Trump, acreditou em suas garantias sobre a pandemia e, disse, "morreu sozinho, na UTI, com uma enfermeira segurando sua mão". Brayden Harrington, um jovem de 13 anos de New Hampshire, deu crédito a Biden por lhe dizer que pertenciam ao "mesmo clube — nós gaguejamos". A lista de chamada oficial, geralmente um ritual banal no plenário da convenção, renasceu como um desfile em vídeo, mostrando a diversidade e vastidão dos Estados Unidos, do Caribe às Dakotas e o Alasca. O efeito foi *kitsch*, reconfortante e estimulante, condizente com uma era em que os norte-americanos estão despertando para uma convicção inquietante: um político pode nos dar luz, ou pelo menos não obscurecê-la, mas nós devemos encontrar o caminho.

Apesar de todos os enigmas sobre políticas e táticas que aguardavam uma possível presidência de Biden — China, mudança climática, IA, sem mencionar as crises imediatas —, seu caráter essencial parecia provavelmente emergir de um conjunto mais profundo de decisões. Suas receitas para os problemas dos Estados Unidos seriam determinadas por duas vertentes divergentes de sua biografia: os mitos que sustentam a política de responsabilidade, e seus próprios encontros com o infortúnio. Em *A tirania do mérito*, o filósofo político de Harvard Michael Sandel escreveu: "Mesmo quando a desigualdade se elevou a grandes proporções, a cultura popular reforçou a noção de que somos responsáveis por nosso destino e merecemos o que recebemos. [...] Se tivermos sucesso, é graças aos nossos próprios méritos, e se falharmos, não temos ninguém a culpar a não ser nós mesmos." Na era da pandemia e da injustiça sistêmica, Sandel argumentou, "uma compreensão da incerteza de nossa sorte conduz a certa humildade: 'Lá vou eu, pela graça de Deus, pelo acaso do nascimento ou pelo mistério do destino'".

Biden, sempre o cata-vento, estava apostando que os Estados Unidos queriam uma política diferente. Ele entendia o que se passava na mente dos congressistas — o equilíbrio, a proteção, a moderação — e acreditava que pelo menos alguns deles estavam prontos para cooperar. Mas sua ideia de unidade dava ainda mais peso a uma força fora da mecânica de Washington: a perspectiva de fazer as pessoas sentirem que alguém na capital estava escutando.

Todos os dias durante a estranha campanha presidencial de 2020, os assessores de Biden tentavam fazer com que ele conversasse pelo telefone com uma pessoa comum. Em uma tarde de primavera, ele foi colocado na linha com Mohammad Qazzaz, de Dearborn, no Michigan. Três semanas antes, Qazzaz, que dirigia uma empresa de torrefação de café, havia testado positivo para Covid-19. No momento da ligação, ele estava em quarentena em casa, tentando proteger a esposa e dois filhos.

Qazzaz, que me emprestou a gravação da ligação, disse a Biden que sua filha, de dois anos, não entendia por que ele não saía do quarto. "Ela fica me dizendo: 'Papai, abre a porta! Abre a porta.'" Enquanto ele descrevia a situação, sua voz fraquejou e ele tentou se recompor. "Desculpe-me, senhor vice-presidente", disse.

"Não se desculpe", retrucou Biden. "Acho que seu estado emocional é justificado. E, como minha mãe diria, você precisa colocar para fora."

Biden disse a Qazzaz que ele também já teve filhos pequenos demais para entender uma crise que se desenrolava ao redor deles. "Nada é igual, mas tenho uma ideia do que você está passando", comentou Biden. Ele sugeriu que Qazzaz fizesse um jogo simples com a filha pela porta, pedindo-lhe que adivinhasse um número ou uma cor. "Conte a ela histórias sobre como será quando o papai melhorar", sugeriu. Eles conversaram um pouco sobre o pai de Qazzaz, que emigrou de Jerusalém. "Olhe, você vai superar isso. Somos a nação que somos porque somos uma nação de imigrantes." A ligação deveria durar cinco minutos — eles conversaram por 22 minutos.

Ouvir a ligação de Qazzaz me fez lembrar da famosa frase de Franklin Roosevelt: "A presidência não é apenas um escritório administrativo. [...] É um lugar principalmente de liderança moral." A vida de Joe Biden foi repleta de erros, arrependimentos e perdas pessoais surpreendentes. E, se ele chegou à presidência, é improvável que ofereça muito da retórica exaltada que toca a alma de uma nação. Mas, para um povo de luto, ele pode oferecer algo como consolo, um discurso de cura.

Agradecimentos

A maior parte do que escrevi teve origem na *The New Yorker,* onde sou particularmente grato aos meus colegas, atuais e antigos. Meu primeiro perfil de Biden foi editado pelo estimado John Bennet. Trechos menores foram aprimorados por Virginia Cannon, Amy Davidson Sorkin e Carla Blumenkranz. Quando voltei ao tema durante a campanha de 2020, tive a sorte de ser editado por Nick Trautwein, que é abençoado com a franqueza e a precisão de um cirurgião. Sou especialmente grato a Deirdre Foley-Mendelssohn, Dorothy Wickenden e David Remnick, que sustentam a cultura de justiça, progresso e obsessão produtiva da revista.

Em vários momentos, este trabalho se beneficiou do trabalho essencial de verificação de fatos e outras ajudas editoriais de Madeleine Baverstam, James Haynes, Ethan Jewell, Ruth Margalit, Teresa Mathew, Betsy Morais, Matthew Silberman, Hélène Werner e Hannah Wilentz.

Este livro não existiria sem o brilho de minha amiga e agente Jennifer Joel. Agradecimentos especiais a Jonathan Karp, que incentivou meu trabalho por muitos anos, muito antes de mover alguns planetas para publicar este volume. Na Scribner, Nan Graham recebeu esta ideia com graciosa urgência, e o editor Colin Harrison se tornou um parceiro sólido em todas as páginas. Obrigado também a Sarah Goldberg, Mark LaFlaur e Brian Belfiglio.

Minha maior dívida, sempre, está em casa: a minha esposa, Sarabeth, cuja imunidade ao ceticismo molda cada palavra minha sobre política; e a Oliver e Rose, que nos lembram exatamente de por que essas questões são importantes.

Nota sobre as fontes

Este livro foi adaptado de uma série de artigos publicados pela *The New Yorker* entre 2011 e 2020. Biden passou grande parte de sua vida dizendo às pessoas: "Ou você está subindo ou descendo." A primeira vez que o encontrei — em abril de 2014 —, ele estava no ar, profissional e literalmente, a bordo do Força Aérea Dois sobre a Europa Oriental, na estagnação de seu segundo mandato como vice-presidente. Washington estava paralisada pelo rancor partidário, o índice de aprovação de Obama diminuía e era muito cedo para Biden começar a discutir abertamente a candidatura à presidência. Ao longo dos anos, conduzi quatro entrevistas com ele, mais recentemente em julho de 2020. Ao longo do caminho, entrevistei mais de cem pessoas em sua órbita política, incluindo Obama em duas ocasiões, parentes e assessores de longa data, bem como adversários e associados em Washington, Delaware e em outros lugares.

Biden se tornou uma área de especialização acidental. Eu gravitei ao seu redor porque ele estava envolvido com relações exteriores, e eu passara uma década como correspondente no exterior. Mas, de perto, passei a ver nele um poço mais gratificante de compreensão da cultura política norte-americana, por causa da extensão de sua experiência, a amplitude de sua intensidade emocional e sua dificuldade em disfarçar o que pensa com aquela profusão de merda de cavalo que adorna muitos encontros no jornalismo de Washington. Biden tergiversa, é claro, mas não tão facilmente quanto os outros.

Além de minhas entrevistas, beneficiei-me do trabalho de uma série de acadêmicos e jornalistas que documentaram sua carreira e seu contexto. As notas a seguir não se pretendem completas — elas são, espero, um roteiro para algumas fontes especialmente valiosas.

PRÓLOGO

O relato dos aneurismas de Biden e sua recuperação é extraído de entrevistas com ele e seus familiares. Como na maioria dos episódios importantes de sua vida, também descobri detalhes valiosos em suas memórias, *Promises to Keep* (2007) e *Promessas de pai: um ano de sofrimento, esperança e determinação* (publicado em 2020). Outras informações sobre sua crise médica aparecem em *What It Takes: The Way to the White House*, do falecido Richard Ben Cramer, o relato incomparável da candidatura de Biden à presidência em 1987.

O comentário de Biden a um ministro em uma reunião particular foi extraído de minha entrevista com uma testemunha direta.

Capítulo 1: *ANNUS HORRIBILIS*

A caracterização de James Comey apareceu em suas memórias, *A Higher Loyalty: Truth, Lies, and Leadership* (Nova York: Flatiron Books, 2018).

Sou grato a Patrick Fisher por suas visões sobre os efeitos políticos dos *millennials*, que aparecem em várias publicações, incluindo "Generational Cycles in American Politics, 1952-2016", *Society* 57 (2020), p. 22-29.

Para observações sobre a evolução da esquerda jovem, beneficiei-me de um ensaio aprofundado de John Judis, "A Warning from the 60's Generation", em *The Washington Post,* 21 de janeiro de 2020; *The Next America: Boomers, Millennials, and the Looming Generational Showdown,* de Paul Taylor e Pew Research Center (Nova York: PublicAffairs, 2014).

Detalhes sobre os primeiros encontros entre Obama e Biden também aparecem na narrativa rica e envolvente de Steven Levingston, *Barack and Joe: The Making of an Extraordinary Partnership* (Nova York: Hachette Books, 2019).

Capítulo 2: **O QUE FOI PRECISO**

Jeff Connaughton transmitiu suas impressões em seu livro, *The Payoff: Why Wall Street Always Wins* (Westport, Conn.: Prospecta Press, 2012).

Dados e análises sobre a geração silenciosa aparecem em *The Lucky Few: Between the Greatest Generation and the Baby Boom,* de Elwood Carlson (Holanda: Springer, 2008).

Para observações sobre a evolução das noções norte-americanas de sorte e vontade, recorri a *The Biggest*

Bluff: How I Learned to Pay Attention, Master Myself, and Win (Nova York: Penguin Press, 2020), de Maria Konnikova.

Os detalhes biográficos neste e nos capítulos posteriores foram extraídos de entrevistas e também de *Promises to Keep, What It Takes* e das segundas memórias de Biden, *Promessa de pai*. Para a história das audiências de Thomas, apelei a *Strange Justice: The Selling of Clarence Thomas*, de Jane Mayer e Jill Abramson (Boston: Houghton Mifflin, 1994).

Capítulo 3: **"CRESÇA"**

Os primeiros comentários e impressões de Biden no Senado foram capturados em "Death and the All-American Boy", na revista *Washingtonian*, 1.º de junho de 1974.

Eu me beneficiei de um ensaio de Roger Berkowitz sobre a pesquisa de Biden, intitulado "When Joe Biden wrote to Hannah Arendt", publicado pelo Center Hannah Arendt for Politics and Humanities, do Bard College.

James Forman Jr. analisou a política de responsabilização em *Locking Up Our Own: Crime and Punishment in Black America* (Nova York: Farrar, Straus & Giroux, 2017).

A contabilidade e o estudo da frase "sua própria culpa" aparecem em *A tirania do mérito: o que aconteceu com o bem comum?*, de Michael J. Sandel (Rio de Janeiro: Civilização Brasileira, 2020).

Os dados sobre o crescimento da remuneração dos CEOs nos anos após 2007 foram publicados pelo Comitê Conjunto de Impostos do Congresso.

Capítulo 4: **VICE**

Stacey Abrams estuda o conceito de "nova maioria norte-americana" em seu livro *Our Time Is Now: Power, Purpose, and the Fight for a Fair America* (Nova York: Henry Holt, 2020).

Para obter detalhes sobre outras vice-presidências, incluindo a atenção dada por Cheney aos "setores duros", me vali de *Angler: The Cheney Vice Presidency* (Nova York: Penguin Press, 2008), de Barton Gellman.

O uso de empatia por Obama na retórica política é analisado em um artigo esclarecedor de 2008 de Colleen Shogan, "The Contemporary Presidency: The Political Utility of Empathy in Presidential Leadership", *Presidential Studies Quarterly* 39 (2009), p. 859-77.

Capítulo 5: **ENVIADO**

As lembranças de Bill Bradley de viajar com Biden para a União Soviética foram retiradas das memórias de Bradley, *Time Present, Time Past* (Nova York: Vintage Books, 1997).

No verão de 2014, o jornal *USA Today* tabulou os registros telefônicos da Casa Branca e relatou os contatos frequentes de Biden com autoridades no Iraque.

A "aposta" de Biden em que Maliki estenderia o Acordo de Status de Forças foi descrita em *The Endgame: The Inside Story of the Struggle for Iraq, from George W. Bush to Barack Obama*, de Michael R. Gordon e do general Bernard E. Trainor (Nova York: Pantheon Books, 2012).

Zalmay Khalilzad e Kenneth Pollack avaliaram a perspectiva estratégica para o Iraque em seu artigo, "How to Save Iraq", em *The New Republic*, 22 de julho de 2014.

Capítulo 6: **O SORTUDO E O AZARADO**

A garantia de Biden a Obama em 2008 de que estaria muito velho para concorrer à presidência apareceu em "Biden's Unified Theory of Biden", de Jonathan Alter, *Newsweek*, 13 de outubro de 2008.

O artigo de Peter Beinart sobre o valor potencial de um campo democrata mais amplo em 2016, "Run, Joe, Run: Why Democrats Need a Biden Candidacy", foi publicado na revista *The Atlantic,* 9 de maio de 2014.

Os detalhes sobre a morte de Beau e a anotação no diário de Biden aparecem em suas memórias, *Promessa de pai. Barack e Joe,* de Levingston, forneceu um contexto valioso dos últimos anos da relação Obama-Biden na Ala Oeste.

O relato presciente e detalhado de Adam Entous de como a vida de Hunter Biden poderia figurar na política presidencial, intitulado "Father and Son", foi publicado na *The New Yorker,* 1.º de julho de 2019.

Capítulo 7: **A BATALHA PELA ALMA**

Eu me beneficiei da leitura de uma das primeiras provas do livro de Samuel L. Popkin, *Crackup: The Republican Implosion and the Future of Presidential Politics,* com publicação prevista para 2021 (Nova York: Oxford University Press).

Lucy Flores publicou seu relato, "An Awkward Kiss Changed How I Saw Joe Biden", na *New York,* em 29 de março de 2019.

Em março de 2020, Renee DiResta, pesquisadora do Stanford Internet Observatory, analisou os efeitos da promoção da hashtag #BidenCognitiveDecline por Jill Stein.

Ryan Lizza avaliou a distância entre Biden e a esquerda jovem em um artigo perspicaz, "Biden Camp Thinks the Media Just Doesn't Get It", publicado pela *Politico*, em 11 de setembro de 2019.

Bernie Sanders refletiu sobre sua relação com Biden em "Bernie Sanders Is Not Done Fighting", entrevista concedida a Andrew Marantz, da *The New Yorker*, publicada em 9 de junho de 2020.

Capítulo 8: **PLANEJANDO UMA PRESIDÊNCIA**

Os planos de Biden para começar a agir foram descritos por Matt Viser em "If He Gets a Presidential Day 1, Joe Biden Has a Nearly Endless List of Ways to Spend It", no jornal *The Washington Post*, 29 de julho de 2020.

Kevin M. Kruse estudou a aplicação potencial de lições da Comissão Pecora em "Why a Biden Administration Shouldn't Turn the Page on the Trump Era", na *Vanity Fair*, 7 de julho de 2020.

Retornei ao livro *A tirania do mérito*, de Sandel, para um estudo cuidadoso das mudanças nas concepções norte-americanas de recompensa, controle e esforço.

Direção editorial
Daniele Cajueiro

Editora responsável
Ana Carla Sousa

Produção editorial
Adriana Torres
Mariana Bard
Luana Luz de Freitas

Revisão de tradução
Anna Beatriz Seilhe

Revisão
Juliana Pitanga

Projeto gráfico e diagramação
Henrique Diniz

Este livro foi impresso em 2021
para a Agir.